Les Flammes Jumelles

ISBN : 978-2-36188-179-5
ISBN numérique : 978-2-70291-606-3

www.editions-tredaniel.com
info@guytredaniel.fr
www.facebook.com/editions.tredaniel

Catherine & Ludovic Labbé

Les Flammes Jumelles

Une voie de transformation à travers une nouvelle dimension de l'amour

Deuxième édition

Éditions
Exergue
27 rue des Grands-Augustins
75006 – Paris

Sommaire

Préface

Voilà déjà bien des années que je m'évertue à créer une image de mon couple idéal, dans l'intention de créer ma vie telle que je la rêve, et en écho avec la loi d'attraction à laquelle je prête foi.

Bien sûr, j'ai toujours souhaité vivre l'« Amour parfait »... Une relation nourrissante et équilibrante. Et depuis toujours en moi persistait une intuition profonde qu'il existe sur cette terre au moins une personne avec qui je suis destinée à vivre la « Grande Harmonie », l'Harmonie sacrée dans le couple, créant l'ouverture à ce qui semble à mes yeux le plus beau des accomplissements.

Jusqu'à maintenant, la vie m'a offert l'opportunité d'expérimenter le couple d'une manière plutôt « chaotique », avec un bon gros lot de désillusions, qui m'ont parfois plongée dans un profond désespoir.

Au cours de cette quête intérieure intense d'accomplissement, j'ai fini par réaliser que chaque expérience vécue m'avait guidée vers une plus grande acuité, une plus grande exigence aussi, et une définition plus juste de ce qu'est l'Amour, et notamment l'amour dans le couple.

J'ai beaucoup travaillé à purifier et à tenter d'unifier mon couple intérieur, à guérir mes blessures pour accéder à cette justesse dans la relation d'amour que je souhaite attirer. Alors « adieu » aux relations n'impliquant que des blessures communes qui créent des résonances dans le déséquilibre des deux. Aujourd'hui, je dis « bienvenue » à la personne avec qui rayonner l'amour, parce que l'amour rayonne déjà en chacun de nous. Créons de l'énergie d'amour ensemble, en abondance.

C'est alors que Catherine et Ludovic entrent en scène. Le projet d'un livre sur les Flammes Jumelles et le besoin de trouver une couverture pour ce livre crée l'événement. Une de mes toiles correspond bien à leur vision, la symbolique est là, mais, de fil en aiguille, nous accueillons joyeusement l'idée de créer une toile en peinture, reliée à leur énergie, à leur vibration, et qui me permette, en reliance, de me laisser traverser par l'énergie des Flammes Jumelles qui les habite et permettre à cette image de prendre vie en cocréation. Et quel bonheur ! Quelle joie d'accueillir ainsi cette réalité incarnée des Flammes Jumelles.

L'énergie de Catherine et Ludovic révèle et réveille une nouvelle flamme, un espoir nouveau. L'énergie en moi en est renouvelée et je sens que c'est bien le sens de cet ouvrage : donner foi en une réalité d'Amour à deux que l'on peut incarner, ouvrir un espace du possible pour rencontrer sa Flamme Jumelle.

Dans la toile créée pour Catherine et Ludovic, l'énergie première est celle du couple qui de deux parties forme un tout. Le deux est unifié, et crée cette complétude qui s'équilibre parfaitement. Les centres d'énergie s'unissent à tous les niveaux des deux êtres, du chakra racine au chakra couronne. L'énergie de la terre monte par les racines et crée la vie, les idées, les projets… Une abondance de vie prolifère.

Une fleur de lotus s'épanouit dans le bassin, le calice de cette unité, et s'enracine profondément dans la terre. Sa couleur bleue évoque la paix et ses pétales sont grands ouverts pour accueillir l'énergie céleste en même temps qu'elle est un pilier, l'axe terrestre de cette unité.

En simultané, l'énergie du ciel descend et traverse le chakra couronne des êtres. Il est si ouvert pour chacun des deux qu'il ne forme plus qu'un, un seul et large canal sacré et symbolisé par cette couronne d'or, une expansion vers le ciel, un émetteur-récepteur qui offre une libre circulation à l'énergie divine.

Les énergies du Ciel et de la Terre se réunissent au niveau du cœur. Un très grand cœur, de cristal, transparent, et rayonnant une lumière intense. C'est le centre où l'union s'équilibre entre haut et bas.

Le troisième œil est aussi grand ouvert à cette énergie cristalline et un joyau se forme au niveau de ce point d'union.

Les capes royales protègent et élèvent les êtres telles les ailes d'un aigle majestueux.

Le symbole de l'arbre est essentiel, unifiant l'ensemble des symboles de cet axe sacré du couple des Flammes Jumelles. Il pose en une cohésion parfaite l'unité incarnée entre Ciel et Terre, et la création de la vie qui se déploie, au-dedans comme au dehors.

L'harmonie colorée du bleu pour le principe masculin et du rouge pour le principe féminin y domine et, en même temps, se mêlent des variations de teintes de violet qui sont l'union des deux principes en équilibre.

La couleur dorée honore la dimension sacrée de cette rencontre et offre chaleur et noblesse à l'ensemble. Le blanc rayonne sa pureté, sa légèreté, sa lumière.

Des mains qui se caressent, un baiser formant une seule bouche, et un cœur cristallin qui scelle toutes les dualités en une magnifique unité.

Chacun de nous ne peut que souhaiter vivre une telle expérience...

Pour ma part, il me semble que je prépare ce moment depuis toujours. Tout ce qui se déploie de symboles et d'énergie dans cette image a toujours été là, en moi, attendant le bon moment pour émerger, remonter à la surface et m'envahir de l'espoir que c'est possible, pour pouvoir l'accueillir pleinement. Ma rencontre avec Catherine et Ludovic est arrivée avec une synchronicité étonnante, étant prête, enfin, à recevoir ce cadeau de la vie. Le fait de me connecter à eux et à l'énergie de cette réalité incarnée a permis à l'amour des Flammes Jumelles de venir m'habiter, ainsi que cette cocréation en reliance. J'ai senti en moi la complétude et la sérénité qui découlent de cette union sacrée, l'abondance de vitalité et le cœur si ouvert, à soi, à l'autre et à tous les êtres qui peuplent la Terre et au-delà. Je ressens profondément ce que cette expérience livre de secrets d'éveil, et de connexion à tout ce qui est.

Grâce à cette cocréation avec Catherine et Ludovic, il m'est offert de vivre cet état de conscience, une élévation de la vibration profonde de mon être, et la foi dans le fait que c'est possible, que c'est maintenant. Une métaphore me vient : la graine de cet arbre sacré a toujours été là en moi, comme en chacun de nous, et j'ai mis des années à nourrir la terre, à préparer le terrain pour que le jardin autour de lui soit magnifique et que tout vibre à la bonne fréquence. Ses racines se sont déployées dans l'invisible. La reliance à Catherine et Ludovic, à l'amour des Flammes Jumelles, insuffle sur mon arbre intérieur un élan de vie puissant, un équilibre d'eau et de feu nécessaire à l'émergence de la vie, qui lui offre le courage de sortir de terre, et la joie profonde de prendre sa place dans la matière, dans ce beau jardin plein de toutes les couleurs.

L'arbre sacré des Flammes Jumelles se déploie et rayonne maintenant en moi, et je vous souhaite de tout cœur, à la lecture de ce livre, que vous découvriez ou laissiez émerger votre propre arbre sacré, symbole de l'unité d'amour des Flammes Jumelles.

Que chacun puisse accueillir cette grande joie, ainsi que la paix qui en découle, afin qu'elle envahisse la surface de la Terre de tous nos arbres sacrés.

Lucie Yonnet

Introduction

J'étais une jeune femme d'une vingtaine d'années à l'époque, quand ma vie s'apprêtait à basculer. Aussi loin que je puisse me souvenir, j'ai toujours cru en un Amour vrai. Il ne s'agissait pas d'un Amour de conte de fées à l'eau de rose que l'on raconte aux enfants, mais d'un Amour profond, vrai, authentique et spirituel.

Seulement, les expériences et les relations que la vie me proposait n'allaient pas forcément dans ce sens-là, même si c'était ce à quoi j'aspirais et que j'étais dans cette recherche. Ce n'était pas ce que je vivais concrètement en couple, dans mes relations, dans ma vie ou avec moi-même tout simplement. Je ne me sentais pas pleinement satisfaite de ce que je vivais en Amour.

Que me manquait-il ? Quel était cet « Amour » que je recherchais ?

Je savais au plus profond de mon être qu'il existait, qu'il y avait autre chose que je ne pouvais pas définir et que je devais trouver pour le comprendre.

Je me suis mise dans cette quête personnelle et spirituelle de découvrir ce qu'est « l'Amour véritable ».

J'ai passé plusieurs jours à méditer et à porter à ma conscience ce qui n'allait pas, ce qui ne m'apportait pas satisfaction, ce qui pouvait me blesser par rapport à l'Amour en général, et la notion de « couple », plus précisément.

Qu'est-ce que l'Amour, véritablement ?

Je ne me sentais pas comblée en Amour et en couple. Je me rendais compte que nous n'avions pas les mêmes attentes, la même conception de la relation amoureuse. J'avais souvent le sentiment de beaucoup donner, mais de ne pas recevoir d'une manière satisfaisante et égale.

Avec le temps, j'avais la sensation que je devais répondre aux attentes de l'autre, à ses besoins pour garder ou gagner son attention et son Amour. J'avais alors le sentiment de devoir m'effacer et de ne pas me respecter, pour être acceptée et correspondre aux attentes d'autrui.

Il m'arrivait bien sûr moi-même d'avoir des besoins qui bien souvent n'étaient pas comblés dans la relation et donc qui me procuraient de la frustration. Je ne me sentais vraiment pas alignée et en harmonie avec moi-même et l'autre en couple. J'avais envie que cela change, j'aspirais à trouver cet équilibre et l'alignement juste et parfait.

J'ai alors observé mes comportements, mes schémas, ainsi que mon rapport à moi-même, à l'autre et à l'Amour, simplement.

C'était une étape nécessaire pour me comprendre et pouvoir apporter les transformations nécessaires vers un meilleur alignement.

Mais qu'est-ce que je cherchais alors en Amour ?

Je souhaitais pouvoir être et vivre alignée déjà avec moi-même, car bien souvent je me délaissais un peu sur le bord de la route ou je m'effaçais. Je souhaitais vivre l'Amour sacré dans toute sa dimension et ses différentes facettes.

L'Amour peut exister et s'exprimer de bien des manières, et pas seulement dans une relation amoureuse.

Je ne voulais plus vivre ce manque d'Amour, la frustration de ne pas être « nourrie » pleinement. Je souhaitais retrouver cette « complétude ».

En ce qui concerne la relation de couple, j'aspirais à vivre une relation profonde, spirituelle et authentique. Je n'avais pas de critères particuliers mis à part ceux-là.

J'ai formulé ma demande à la Vie et à sa Conscience divine, pour qu'elle m'entende et qu'elle m'accompagne dans cette quête vers l'Amour avec un grand A, si cela devait être ainsi.

C'est alors que les jours suivants, j'ai fait un rêve durant lequel j'ai pris conscience comme par un électrochoc que je devais changer.

Le message était que je ne devais plus attendre l'Amour des autres et de l'extérieur, car tout était déjà là, en moi et dans ma vie. Il fallait juste que je me branche sur la bonne fréquence pour accéder à cet Amour plein et entier. Je devais « être », et donc incarner moi-même l'Amour et « faire de l'Amour un art de vivre au quotidien ».

À partir de ce jour, j'ai eu un déclic profond et j'ai cherché chaque jour à appliquer l'Amour comme un art de vivre en moi-m'aime (ce n'est pas une faute d'orthographe, j'aime écrire même « m'aime », quand il s'agit de moi-même, toi-même…, cela souligne l'importance de s'aimer soi, et dans ma vie aussi bien personnelle que professionnelle).

Je me suis reconnectée rapidement à des facettes de moi-même que j'avais délaissées. J'ai entamé un cheminement profond et intime avec mon essence, mon âme. Tout ceci a été possible, car chaque jour j'apportais des petits changements, des actions pour me rapprocher de « qui je suis » et de ce qui résonnait pour mon âme.

Seulement, un fossé de plus en plus béant se creusait par rapport à ma vie et mes relations d'avant. J'ai dû oser prendre des décisions, faire des choix au niveau de mes relations, de ma vie personnelle et aussi professionnelle.

Le changement est loin d'être simple et confortable, mais il a été nécessaire et bénéfique pour que je puisse laisser place à ma nouvelle vie et au « nouveau moi ».

Je vivais l'amorce d'une renaissance qui n'était que le début d'une grande et profonde transformation. Je savais que quelque chose m'attendait. Et j'étais loin d'imaginer ce dont il s'agissait et comment y parvenir.

Mais je me sentais accompagnée et portée dans mon cheminement par quelque chose de bien plus grand que moi, de l'ordre du Divin, qui me procurait la confiance et m'éclairait pour avancer.

Plus j'avançais et plus j'appliquais « l'Amour comme un art de vivre » avec ce que j'appelle « ma boussole intérieure », plus je touchais de tout mon être un Amour absolu, sacré.

J'arrivais à me brancher sur une vibration d'Amour plus élevée, qui faisait partie de moi, qui était autour de moi et qui formait comme un Tout.

Cet Amour absolu nourrissait mon âme. Il était plein et entier. J'accédais à cet Amour directement sans devoir l'attendre ou le mériter auprès des autres. Je prenais conscience et j'accédais à une nouvelle dimension de l'Amour.

En étant partie à la rencontre de moi-même, j'allais aussi à la rencontre d'un Amour bien plus grand. Je vivais une voie de transformation à travers une nouvelle dimension de l'Amour.

Et, alors que je pensais avoir franchi bien des étapes et avoir déjà fait un long chemin, je m'apprêtais à faire une autre rencontre qui allait encore tout changer et me propulser bien plus loin…

Il s'agissait de mon jumeau d'âme, ma Flamme Jumelle.

Pendant que je poursuivais mon cheminement personnel et spirituel, et que je continuais d'appliquer « l'Amour comme un art de vivre », je me sentais bien accompagnée. Les choses n'étaient pas toujours simples, c'était même très inconfortable parfois…, souvent.

Je ne savais pas où aller, comment m'y prendre, par où commencer, et ce que je devais faire concrètement.

Alors je me connectais à ma « boussole intérieure » pour trouver mon chemin, faire des choix et suivre mes intuitions. J'étais partagée entre un sentiment d'excitation et de peur de l'inconnu. Mais cela me plaisait.

La création de mon activité de thérapeute faisait partie des étapes et des nouvelles transformations qui prenaient forme dans ma vie.

Un jour, une médium que je connaissais m'a déposé un Post-it dans la boîte aux lettres.

Elle me donnait le nom et le prénom d'un homme, un certain « Ludovic ». Elle me précisait juste qu'elle sentait que je devais le contacter, et que c'était en lien avec mon activité professionnelle.

J'ai mis plusieurs jours avant de prendre contact avec cet homme, car je ne savais pas pourquoi et comment je devais entrer en contact avec lui.

J'ai trouvé sa photo et son contact sur Internet. J'ai tout de suite eu une étrange impression, car une énergie m'a parcourue et a traversé tout mon être au moment où mon regard s'est plongé dans le sien.

Je me suis sentie poussée à le contacter, et nous nous sommes rencontrés rapidement dans le cadre d'un projet professionnel.

Intérieurement, je savais que je ne rencontrais pas n'importe qui ce jour-là. Mais je ne m'attendais pas à ce qui se préparait et à ce que la Vie avait orchestré pour moi… pour nous.

Je m'apprêtais à rencontrer et vivre une reconnexion avec ma Flamme Jumelle, car Ludovic était mon jumeau d'âme, mon autre moi, en masculin. Et croyez-moi, une telle reconnexion bouleverse toute votre existence.

Les âmes qui vivent une « reconnexion » subtile et/ou terrestre avec leur Flamme Jumelle expérimentent un processus propre à ce lien d'âmes, que l'on nomme « le processus PURE™ ». Il s'agit d'un cheminement composé de plusieurs étapes, d'expériences et de phénomènes spécifiques hors-norme. C'est une profonde voie de transformation de l'être, puissante et complexe.

Dans cet ouvrage, nous allons aborder deux facettes de l'Amour qui sont intimement liées, car elles forment un tout : « l'Amour absolu » et le « lien des Flammes Jumelles ».

Qui nous sommes

Je parle de « nous » ici, car même s'il a été établi entre nous que ce serait moi qui écrirai les lignes de cet ouvrage, ce livre est le fruit de l'Amour et de l'expérience « d'Un Nous » sans lequel il n'aurait jamais vu le jour, d'une part. Et d'autre part, Ludovic a également travaillé avec moi à la compréhension de la relation des Flammes Jumelles pour la rendre accessible et transmissible.

Je m'appelle Catherine Labbé, et lui, ma Flamme Jumelle, Ludovic Labbé. Nous sommes aujourd'hui mari et femme et aussi heureux parents, ensemble, de deux petits garçons. Nous avons vécu nos retrouvailles par une succession de hasards bien orchestrés.

Je parle de retrouvailles, non pas parce que nous nous connaissions déjà concrètement, mais parce que nous avons vécu une « reconnexion de Flammes Jumelles », il y a plusieurs années.

J'avais 23 ans à l'époque de notre reconnexion, et Ludovic, 39 ans. Nous avions un point commun : nous avions décidé de balayer dans nos vies respectives tout ce qui n'était plus en accord avec nous-mêmes avant ces retrouvailles.

Il était temps pour chacun de décider d'être et de vivre pleinement comme « qui Je Suis » de manière alignée avec notre âme.

Nous avions déjà beaucoup cheminé en nous-mêmes, personnellement et spirituellement. Nous avions avancé chacun avec nos expériences, à notre rythme, à notre manière propre.

Ludovic, lui, était à la recherche de l'Amour sacré et véritable. Il connaissait même l'existence des Flammes Jumelles et avait fait le vœu profond de la retrouver et de vivre cet Amour unique, sacré. Il avait formulé sa demande à la Vie et avait continué à travailler en lui pour se rapprocher chaque jour plus près de son essence divine, du « qui Je Suis » vraiment.

C'est alors que seulement quelques mois plus tard, à force d'un travail intensif, profond et très souvent difficile et éprouvant, toutes sortes de coïncidences ont fait que nos chemins se sont croisés, dans le cadre d'un projet professionnel qui n'était autre que notre « mission ».

Depuis ce jour, où nous avons vécu nos retrouvailles, nous sommes réUNis et vivons comme mari et femme.

Une relation de Flammes Jumelles est fabuleuse et peut sembler magique.

Oui, c'est vrai, cela peut être le cas, mais c'est plus dans un deuxième ou troisième temps… Car c'est avant tout très complexe à gérer. C'est une relation qui n'a rien de romantique, bien au contraire!

C'est un lien qui réveille une énergie très puissante et aussi toutes les choses qui peuvent être difficiles et douloureuses en vous.

Nous avons vécu des périodes extrêmement dures et puissantes. Car vivre une reconnexion de Flammes Jumelles, c'est comme être au milieu d'un raz-de-marée qui balaye et nettoie tout votre être et tous les aspects de votre vie.

On a la sensation de vivre une sorte de « chaos » pour permettre ensuite, une renaissance… J'aime cette phrase : « Du chaos naît l'ordre. »

Notre mission

Depuis mon enfance, une partie de moi savait déjà ce que j'avais à faire, même si je n'avais pas toute la vision et la conscience d'aujourd'hui. J'avais des pistes du chemin que je devais emprunter et des actions que je devais mettre en place dans ma vie.

C'est pour cette raison qu'enfant déjà j'ai commencé mon cheminement personnel et spirituel. Le jour où j'ai réellement décidé d'oser m'y consacrer pleinement et de tout mon être, en décidant d'aligner ma vie personnelle et professionnelle avec moi-même, c'est à ce moment que j'ai pu avancer et vivre la reconnexion avec ma Flamme Jumelle.

Nous nous sommes justement rencontrés dans le cadre d'un projet professionnel qui s'est concrétisé par la suite très rapidement au travers de RenaiSens™, et qui s'est enrichi ensuite au travers de DoSens™.

Au travers de RenaiSens™[1] et de DoSens™[2], nous développons notre mission telle que nous l'avons perçue et reçue dans le cadre de notre relation de Flammes Jumelles.

Dès le début de notre relation, nous avons été beaucoup éclairés par une forte guidance qui nous a poussés à agir chacun dans une même direction, mais en nous adressant à des personnes différentes, avant d'apporter une complémentarité nécessaire.

Pour ma part, j'accompagne les personnes qui souhaitent faire émerger leur être pour aligner leur vie avec qui elles sont vraiment. Et plus précisément les Flammes Jumelles individuelles ou en couple, que ce soit dans la phase de préparation aux retrouvailles ou ensuite, pour leur permettre de vivre et de parcourir le mieux possible le processus inhérent aux Flammes Jumelles, qui est complexe et profond.

Ces deux aspects de mon accompagnement sont très liés, car l'énergétique est un moyen pour cheminer dans le processus.

Dans ses activités, Ludovic aborde les aspects professionnels chez les personnes qu'il accompagne et guide. Il permet aux thérapeutes, aux coaches, aux solopreneurs, aux entrepreneurs d'aligner leur activité avec qui ils sont vraiment. Il leur explique comment il est possible de développer une activité professionnelle qui s'appuie sur l'Amour divin pour respecter à la fois le professionnel qui exerce et ses clients. Puis, il les accompagne dans leur réflexion, dans la mise en œuvre et dans le développement de leurs activités.

Il est évident que cette approche n'est pas celle qui aujourd'hui contrôle le monde des affaires. Mais c'est celle qui donne le plus de place à l'Amour et qui résonne le mieux chez ceux qui veulent entreprendre de façon alignée, en s'adressant à des personnes sensibles en elles-mêmes à cette démarche et à cet appel d'authenticité du cœur.

Nous sommes conscients que si nous avons eu la chance de nous retrouver en tant que Flammes Jumelles, de vivre ensemble et d'avoir

---

1. http://www.renaisens.world.
2. http://www.DoSens.world.

avancé dans le processus de reconnexion des Flammes Jumelles pour accéder à cette dimension supérieure de l'Amour, ce n'est pas pour faire un peu plus que ce qui existe déjà aujourd'hui.

Il s'agit de faire émerger un nouveau paradigme dont l'essence est l'Amour divin. Et pour cela, il est de notre responsabilité d'accompagner à la fois les personnes en tant que particuliers et également les professionnels qui veulent vraiment remettre au cœur de leur vie, de leurs pensées, de leurs paroles, de leurs actions, l'Amour véritable.

Et aujourd'hui, nos parcours individuels et en commun nous permettent d'apporter cette complémentarité.

Le blog des Flammes Jumelles

Très tôt, j'ai créé le blog sur les Flammes Jumelles[1]. C'était l'un des premiers en français sur le sujet. Et, à cette période-là, il n'existait également que très peu de livres parlant du sujet, et encore moins de livres écrits par un couple de Flammes Jumelles. Le seul que nous connaissions était celui d'Elizabeth Clare Prophet : *Âmes sœurs et Flammes Jumelles : la dimension spirituelle de l'Amour et de la relation de couple*[2].

Ce site a permis à des milliers de personnes de découvrir ce phénomène des Flammes Jumelles et de comprendre de quoi il s'agissait. J'ai reçu de très nombreux messages avec des questionnements et des témoignages.

Au travers de ce blog, j'informe, je conseille et j'accompagne les personnes qui m'en font la demande.

Ce site nous a aussi permis de découvrir d'autres couples de Flammes Jumelles vivant ou non ensemble, et d'avoir au fil des témoignages et des échanges une meilleure compréhension de ce que sont

1. Voir le site : www.flammesjumelles.world.
2. Lumière d'El Morya, septembre 2005.

les couples de Flammes Jumelles et le processus qui s'opère dès leur reconnexion.

Nous vivions déjà tout cela, et nous avions cette conscience de vouloir comprendre le phénomène et d'identifier pleinement le processus par lequel nous passions et nous avancions.

Pendant plusieurs années, au travers des témoignages et des échanges, nous avons validé que ce que nous étions en train de déterminer du processus, des phénomènes et des signes liés était bien vécu par d'autres également et n'était pas de notre simple fait et de notre seule histoire.

Cette phase était pour nous essentielle pour ensuite pouvoir accompagner les Flammes Jumelles vers leur reconnexion et au travers du processus qui suit cette reconnexion.

L'accès à l'enseignement énergétique

Dans le cadre des différentes étapes du processus des Flammes Jumelles, dont je parlerai plus tard, nous avons utilisé principalement et presque exclusivement l'énergétique pour travailler sur les zones d'ombre et tous les blocages qui nous empêchaient d'avancer tant au niveau de nos personnes, que de notre couple et de nos projets personnels et même professionnels.

Je me suis rendu compte de ce que l'énergétique était à la fois une énergie, une méthode, des protocoles et des outils parfaitement utilisables, que ce soit dans la phase de préparation aux retrouvailles ou pendant le processus, et après encore.

Très tôt, nous avons donc travaillé à mettre en place l'accès à ces techniques au plus grand nombre de personnes. Nous avons utilisé pour cela Internet qui est un média accessible 24 h/24, 7 j/7, et cela, quel que soit l'endroit où la personne se trouve.

Et comme ces outils sont importants, nous avons élaboré des formations que chacun peut suivre via Internet à distance, à son rythme, partout où il se trouve.

En créant cette plateforme de formation e-learning, nous voulions véritablement aller plus loin que la simple transmission des connaissances. Il s'agissait d'accompagner chacun dans son apprentissage au travers d'une relation personnelle et individuelle.

Cette plateforme était l'une des premières, pour ne pas dire la première, permettant cela. Pour moi, c'est toujours un grand plaisir et un honneur que d'accompagner les personnes qui se forment, car je vois et j'apprécie leur évolution. Cela valide le sens de notre mission.

Le livre

L'ouvrage que vous tenez entre vos mains fait partie de ce qui m'a été demandé dans le cadre de ma mission d'âme dès le début de notre reconnexion. D'ailleurs, très tôt, j'ai commencé à écrire en imaginant qu'il serait édité rapidement dès les premières années.

Puis, très vite, devant l'ampleur et la puissance du processus des Flammes Jumelles que nous vivions, nous nous sommes rendu compte que nous devions attendre avant d'écrire ce livre dans sa version finale.

Aujourd'hui, nous comprenons parfaitement l'importance d'avoir attendu, comme nous comprenons également pourquoi notre guidance nous avait dès le début demandé d'écrire ce livre.

Nous avons abordé chaque instant, chaque étape du processus en pleine conscience, que ce soit dans la joie ou la douleur, afin de pouvoir avoir la hauteur nécessaire pour exprimer et transmettre ce que nous vivions, sans pour cela mêler nos émotions et ressentis.

Pour ce premier livre, il ne s'agissait pas de raconter notre histoire. Cela fera peut-être un jour l'objet d'un autre livre. En attendant, il s'agissait d'écrire un ouvrage qui permette d'éveiller et d'éclairer le plus grand nombre de Flammes Jumelles pouvant ressentir l'appel de leur Flamme Jumelle.

Ce livre est donc le fruit de plusieurs années d'expériences vécues et racontées, et d'accompagnement auprès de personnes qui ont vécu une « reconnexion » de Flammes Jumelles.

Il est aussi et avant tout le fruit de notre propre expérience, de nos vécus, de notre cheminement, des périodes lumineuses et des périodes obscures, que nous avons conscientisés pour qu'ils deviennent compréhensibles par les autres, par vous-même, afin de permettre aux personnes de suivre, à leur tour si elles le souhaitent, ce cheminement, afin d'entrer elles-mêmes dans cette dimension profonde et authentique de l'Amour.

Dès le départ de cette reconnexion et de nos retrouvailles, je n'ai cessé de prendre des notes, de vouloir comprendre, car je savais qu'en nous permettant de parcourir ce chemin en avance, nous allions pouvoir ensuite guider d'autres personnes.

J'aime prendre l'image du guide de haute montagne. Un guide qui souhaite accompagner un groupe de personnes sur le chemin ne le découvre pas en même temps que le groupe. Au contraire, il a déjà parcouru le chemin. Il le connaît bien. Il connaît les points agréables et les points plus dangereux. Et c'est parce que lui-même est passé par ce chemin et qu'il l'a appréhendé avec conscience, qu'il peut ensuite accompagner les autres sur celui-ci.

Pour moi, pour nous, il était important de vivre pleinement les aspects positifs et négatifs de la relation, tout en prenant la hauteur nécessaire pour observer, analyser, comprendre ce qui se passait réellement en nous.

Il était important de comprendre et de conscientiser les mécanismes, les déclencheurs, les étapes, les difficultés, les illusions… pour pouvoir ensuite transmettre une expérience, plus que de la théorie.

Et c'est ce que j'ai fait, ce que nous avons fait, pendant ces cinq années.

Que ce livre puisse résonner chez les Flammes Jumelles non encore « réveillées ».

Que ce livre puisse préparer les Flammes Jumelles à la reconnexion avec leur Flamme Jumelle.

Que ce livre puisse vous donner le courage de vivre le processus PURE™, vécu par les Flammes Jumelles après leur reconnexion.

Que ce livre puisse permettre au plus grand nombre d'accéder à cette dimension supérieure de l'Amour.

Ateliers et accompagnement

L'objectif de ce livre n'est pas de simplement vous expliquer ce à quoi vous pourriez accéder au travers du processus des Flammes Jumelles et de vous laisser ensuite vous débrouiller seul, surtout quand on sait ce qui vous attend dans ce processus PURE™.

Pour beaucoup d'entre vous, ce livre va être une invitation à vous préparer à cette rencontre avec votre Flamme Jumelle. Pour d'autres, ce livre va venir éclairer les difficultés qu'ils rencontrent dans leur relation avec leur Flamme Jumelle. Et pour d'autres encore, ce livre va venir titiller des zones d'ombre et des illusions en eux.

Lorsque ma guidance m'a demandé d'écrire ce livre, elle m'a aussi informée que j'accompagnerai les Flammes Jumelles qui se réveilleront et qui décideront d'avancer dans ce cheminement.

Et c'est d'ailleurs pour cette raison que nous avons vécu avec une si grande intensité nos premières années de vie commune. Il s'agissait de nous préparer pour la suite.

Pour cela, j'ai élaboré des ateliers et des outils pour permettre aux Flammes Jumelles qui le souhaitent d'avancer en étant accompagnées par moi-même afin de bénéficier de mon expérience et de ma longueur d'avance sur ce cheminement.

Concernant les informations de ce livre

Pour revenir à ce livre, je précise que les informations sont basées sur trois sources différentes et complémentaires.

Il y a déjà mon expérience personnelle et celle de Ludovic, car nous vivons nous-mêmes la relation de Flammes Jumelles. Et nous sommes passés par les différentes étapes depuis plusieurs années. Avec mon mari, nous avons vécu et expérimenté la reconnexion, les différents signes et phénomènes et le processus des Flammes Jumelles que je nomme « le processus PURE™ », que je vais décrire plus loin.

Bien entendu, notre expérience est personnelle et propre à notre couple et à notre situation. Même si l'on retrouve souvent les mêmes phénomènes, les mêmes étapes chez les autres couples ou personnes, cela ne veut pas dire que chacun le vit de la même façon. Si je reprends l'image du guide de haute montagne : ce n'est pas parce que toutes les personnes feront le même chemin qu'elles le vivront de la même façon et verront les mêmes choses le long de celui-ci. Pour cela, je ne me suis pas basée sur notre seul vécu pour écrire ce livre.

La deuxième source provient de témoignages, de messages et d'échanges avec d'autres couples de Flammes Jumelles. Je reçois par mon blog des témoignages depuis plusieurs années de la part d'autres couples de Flammes Jumelles habitant un peu partout dans le monde.

J'accompagne aussi certaines d'entre elles en formation et en séances énergétiques dans le cadre d'un travail personnel qu'elles souhaitent entreprendre par rapport à leur propre reconnexion avec leur Flamme Jumelle.

Toutes ces informations ont permis d'enrichir et de compléter les travaux que je menais au niveau de mon propre couple, en disposant ainsi de nombreux retours et témoignages que j'ai pu analyser.

Enfin, la troisième source est ma guidance. Étant sensible et relativement connectée régulièrement depuis mon enfance, j'ai aussi eu beaucoup d'informations et d'enseignements d'Êtres de lumière qui m'ont apporté des renseignements et des éclairages essentiels au sujet des Flammes Jumelles, de l'Amour et de la Vie en général, et des processus que nous pouvions vivre en particulier.

Cette guidance m'a apporté une plus grande compréhension de ce que sont les Flammes Jumelles, ce qu'elles vivent et quel en est leur sens. Bien sûr, je ne prétends pas détenir la Vérité absolue. Et je pense sincèrement que nous sommes loin de pouvoir comprendre tous les secrets des Flammes Jumelles ou de la Vie avec notre conscience et notre mental humains.

Je reste persuadée que ce que nous vivons actuellement par rapport aux Flammes Jumelles n'est qu'une étape dans un processus bien plus grand et dépassant très largement les couples et l'Amour au sein des couples, selon ce que j'entrevois et perçois.

Cela étant, avant de vouloir en savoir davantage, il est primordial que le plus grand nombre de personnes puissent se reconnecter à leur Flamme Jumelle et vivre ainsi dans cette nouvelle dimension de l'Amour. Ne brûlons pas les étapes, car cette première étape demande déjà beaucoup de volonté, du courage et d'implication. Et je serais ravie si je pouvais déjà contribuer à ce que cette première étape soit franchie par le plus grand nombre.

Je tiens à préciser également que ce que vous lirez dans ce livre ne vient d'aucune source internet, ni de France ni d'ailleurs. Les termes que j'utilise sont ceux employés par la guidance qui m'a accompagnée et par moi-même. Je vous prie de ne pas chercher à comparer avec des termes employés ailleurs. Les mots employés ici sont expliqués et détaillés dans ce livre.

Une nouvelle dimension de l'Amour

Qu'est-ce que l'Amour ?

L'Amour est un grand mystère de la vie, qui occupe une place importante au cœur de notre existence. Il préoccupe et interroge l'Homme, car l'Amour est complexe et parfois bien différent au cours des époques et selon les cultures.

L'Amour est au cœur de nos vies, des relations et des enjeux. Il est présent de bien des manières, sous toutes les formes. Je ne vais pas ici redonner des définitions existantes sur l'Amour et tenter d'analyser toutes les recherches et hypothèses faites sur le sujet.

Mais je vous invite à découvrir ce que l'univers m'a enseigné au sujet de l'Amour au cours de mon cheminement vers cette quête.

Bien entendu, sachez que je ne prétends pas détenir la Vérité, ni en avoir toute la compréhension.

Je suis une femme dans la recherche de l'essence de ce qui est, et je partage avec vous les découvertes que j'ai pu faire au long de ce cheminement personnel et avec ma Flamme Jumelle.

L'Amour en deux aspects

1) Notre vision de ce qu'est l'Amour

Pour aborder ce qu'est l'Amour, je pense qu'il est avant tout nécessaire de faire le tri et de prendre conscience d'une information essentielle. Ce point important est que nous n'avons pas tous la même vision de l'Amour et les mêmes attentes.

Je vous propose un petit exercice.

Posez-vous ces quelques questions :

- Qu'est-ce que « l'Amour », pour moi ?
- Quelle est ma définition personnelle de l'Amour ?
- Comment je perçois l'Amour vis-à-vis de moi-même, vis-à-vis des autres, en couple ?
- Comment je reconnais concrètement l'Amour ?
- Qu'est-ce que pour moi un acte d'Amour dans ma relation de couple, par exemple ?
- Qu'est-ce qui fait que je me sens « aimé » par l'autre ?
- Qu'est-ce qui fait que je ne me sens pas « aimé » par l'autre ?

Vous pouvez faire cet exercice qui vous aidera à mieux vous connaître et à prendre conscience de ce que peut être l'Amour pour vous. Nous pourrions aller bien plus loin dans les questions pour approfondir. Mais il s'agit ici simplement d'une introduction.

Si vous posez ces mêmes questions à plusieurs personnes, vous verrez que les réponses sont souvent propres à chacune et bien différentes. Cela est tout à fait normal, car nous n'avons pas la même vision de ce qu'est l'Amour ni le même rapport à cette notion d'Amour.

D'ailleurs, des personnes dans une relation de couple qui n'ont pas la même vision et les mêmes attentes en matière d'Amour vont avoir plus de mal à trouver un équilibre dans leur relation.

Notre vision de l'Amour en tant qu'être humain est conditionnée et limitée par toutes sortes de filtres.

Nous avons chacun notre propre perception de ce qu'est l'Amour selon notre époque, la société dans laquelle nous vivons, notre éducation, notre culture, notre religion, la conscience collective…

Notre rapport à l'Amour est aussi conditionné par nos croyances, nos expériences passées, nos peurs, nos limites inconscientes et conscientes, nos manques, nos traumatismes, nos besoins, nos envies…

Nous avons tous une vision bien personnelle et un fonctionnement propre, en rapport avec « l'Amour » au sens global du terme.

C'est un peu comme si chacun de nous portait une paire de lunettes modifiant et limitant notre perception du paysage en fonction de tous les filtres intérieurs et extérieurs liés à l'Amour.

Ce que nous voyons et ce que nous croyons être n'est pas forcément ce qui est réellement.

Il y a d'une part notre « vision » humaine limitée, modifiée et altérée de ce que peut être l'Amour pour nous et d'autre part ce que l'Amour EST véritablement. C'est-à-dire l'Amour en tant qu'essence divine à l'état pur.

2) Ce que l'Amour est

Si notre « vision » en tant qu'être humain peut être limitée, modifiée et altérée dans sa perception, rendant l'Amour parfois bien « petit », il est important de prendre conscience qu'en réalité, l'Amour est grand. Il est même bien plus grand que ce que nous sommes capables d'imaginer, de croire et de concevoir avec notre mental et notre conscience humains.

Cela étant, nous pouvons chacun à notre manière et par notre intention nous connecter à ce qu'est l'Amour à l'état pur. Cet Amour qui est l'essence de toute forme de vie et de la création. Cet Amour qui est Tout. Il est partout et en tout. Il est infini et n'a aucune limite. C'est ce que ma guidance appelle « la Source de l'Amour absolu ».

Quand j'ai retrouvé cette connexion avec cette Source d'Amour absolu, ma vie a été transformée.

Je me suis alors souvenue que durant ma petite enfance, j'avais cette connexion naturellement avec la Source, comme très certainement bien d'autres jeunes enfants.

J'ai aussi ressenti cette connexion avec l'Amour absolu, quand j'ai frôlé la mort lors d'un accident vers l'âge de 12 ans. J'ai été enveloppée, aimée, soutenue par une vibration d'Amour profonde. Les mots sont insuffisants pour décrire ce que j'ai vécu et ressenti à ce moment-là. Cette expérience est restée gravée dans ma mémoire. Et à ce moment-là, j'ai su et j'ai eu la certitude que cet Amour absolu existait bien, et que nous y avions accès.

Une course à l'Amour

L'Amour nous concerne et nous touche toutes et tous.

Si nous observons un peu notre fonctionnement, la vie est souvent une sorte de « course à l'Amour » qui s'opère bien souvent de manière inconsciente.

Ce que je veux dire ici, c'est que nous sommes tous dans un besoin, une « demande d'Amour » tout au long de notre vie. Même si ces besoins et ces demandes ne sont pas forcément justes au niveau de notre âme, ils semblent nécessaires au niveau de notre personne.

L'Amour est essentiel à la vie. Il nourrit notre âme comme les aliments et l'eau sont essentiels à la vie et nourrissent notre corps. Alors, nous courons après l'Amour pour combler nos besoins.

L'Amour par le VIDE et l'Amour par le PLEIN

Avant de nous plonger dans le sujet des Flammes Jumelles, il est important que vous compreniez bien les notions et les processus d'« Amour par le vide » et d'« Amour par le plein ».

Ces deux notions sont une clé de compréhension fondamentale qui vous est donnée pour que vous puissiez comprendre ce qui s'opère en vous au niveau de l'Amour que vous vous portez à vous-même, et que vous portez à l'autre et aux autres.

Très souvent, une personne qui en aime une autre va vous dire qu'elle est bien avec elle et qu'elle a trouvé son équilibre.

« Bien avec elle », cela veut dire quoi ? Cela veut dire que l'autre lui apporte ce dont elle a besoin, et ainsi, elle se trouve comblée.

Très souvent, pour ne pas dire « systématiquement », nous recherchons chez l'autre de façon consciente et/ou inconsciente ce qui nous manque et ce dont nous avons besoin pour nous sentir bien.

C'est comme si nous avions des vides en nous et que nous allions chercher chez l'autre de quoi les combler.

Je vais prendre un exemple pour que cela soit clair pour chacun. Imaginez une femme qui a besoin que l'on s'occupe d'elle, que l'on soit aux petits soins pour elle, parce qu'elle a besoin de se sentir aimée et d'être considérée. Imaginez maintenant un homme qui a besoin de se sentir utile pour une femme, car ainsi, il a l'impression d'exister et d'être important pour elle. Cette femme et cet homme se rencontrent, et décident de vivre en couple.

Cet homme va être aux petits soins pour cette femme et va nourrir ainsi chez lui son besoin de se sentir utile et d'exister pour l'autre. Et du même coup, en agissant ainsi, il va nourrir le besoin de cette femme d'être aimée et considérée.

Vous allez me dire que tout est parfait si chacun trouve ainsi son équilibre, qu'ils s'aiment et qu'ils sont heureux ensemble.

Oui, tout cela peut paraître parfait tant que chacun a ce vide en lui que l'autre vient combler. Mais que devient-il le jour où ce vide est comblé d'une autre façon que par l'autre ? Il se passe que l'autre se sent alors inutile, et l'équilibre de la relation s'écroule.

En réalité, cet équilibre est ce que j'appelle « l'équilibre des déséquilibres ». Cela signifie que l'équilibre n'est pas juste, il est simplement constitué par une succession de déséquilibres qui tentent de s'équilibrer. Au moindre mouvement, tout s'écroule.

Dans le cas décrit ici, il s'agit de ce que j'appelle « l'Amour par le vide ». C'est-à-dire que l'Amour repose sur les vides de chacun que l'autre vient combler.

Cet Amour par le vide est tout le contraire de l'Amour par la liberté d'être. En effet, au-delà de l'équilibre fragile de ce processus, cet Amour par le vide repose sur la remise de son pouvoir à l'autre.

En donnant la possibilité à l'autre de venir combler nos vides pour nous permettre d'être heureux, nous lui donnons du même coup le pouvoir de nous rendre malheureux le jour où il retire ce qui venait combler ce vide.

Si vous regardez autour de vous, nombreuses sont les relations qui inconsciemment ou consciemment fonctionnent sur ce modèle de l'Amour par le vide, mettant ainsi le bonheur de chacun entre les mains de l'autre.

Je ne suis pas ici en train de dire qu'il ne faut pas être attentionné vis-à-vis de l'autre, de l'être que l'on aime. Ce que je veux vous expliquer, c'est qu'il existe une autre forme d'Amour qui permet à chacun d'être plein et entier avec son être, de garder son plein pouvoir d'être et de vivre ainsi dans un équilibre juste et solide. Cette forme d'Amour est « l'Amour par le plein ».

Il s'agit pour chacun d'apprendre à combler ses propres vides par soi-même pour ne pas avoir à dépendre de l'autre. Il s'agit de redevenir un être plein et entier.

Cela n'enlève rien à votre faculté d'aimer. Au contraire, vous êtes ainsi capable et libre d'aimer pleinement l'autre. Et tout ce qui sera créé dans cet Amour reposera sur des fondations stables et solides.

Quand nous nous sommes rencontrés, Ludovic et moi, nous n'étions pas dans cet Amour par le plein. Nous avions chacun nos vides à combler. Par contre, nous avions connaissance et conscience de la différence entre cet Amour par le vide et l'Amour par le plein.

Au regard de notre reconnexion et de notre mission, nous savions que notre relation ne pouvait pas se construire sur un équilibre des déséquilibres. Nous aurions pu effectivement par notre libre arbitre faire ce choix, mais nous nous étions engagés dans cette mission et ses devoirs afférents.

Pour que notre Amour puisse être juste et parfait, il fallait que chacun puisse exister pleinement – comme qui il était – et s'aimer pleinement. Nous avons donc travaillé l'un et l'autre à combler nos zones vides, encouragés et supportés l'un par l'autre.

Dans un couple, l'une des difficultés est de ne pas projeter sur l'autre ce que l'on attend de lui par rapport à notre idéal construit, comme nous le verrons plus tard, sur des schémas inconscients et par rapport à nos vides à combler.

Dans une relation comme la nôtre, il était non seulement important d'accepter que l'autre puisse être tel qu'il est véritablement, et également de l'encourager et de lui permettre de l'être.

Cela paraît facile dit ainsi, et cela peut sembler être une magnifique preuve d'Amour. Oui, c'est une belle preuve d'Amour par le plein. Mais pour y parvenir, cela suppose d'un côté comme de l'autre un travail profond en soi qui fera avancer les deux et le couple dans son entier.

Par exemple, cela signifie qu'en même temps que l'on encourage l'autre à reprendre son propre pouvoir, sa propre liberté, il faut agir en soi sur cette perte de pouvoir sur l'autre par rapport à des vides que l'on pouvait combler.

En tout cas, envisager une relation juste, pleine et entière ne peut se construire que sur les fondations d'un Amour par le plein.

L'une des peurs des couples déjà ensemble est de se dire que s'ils commencent ce travail de transfert de l'Amour par le vide vers l'Amour par le plein, il peut y avoir des répercussions importantes au niveau de leur couple, pouvant mener à une séparation et à un divorce.

Effectivement, si la relation du couple est basée sur l'équilibre des déséquilibres, l'illusion de la stabilité a de grandes chances de voler en éclats.

Chacun a son libre arbitre. Chacun choisit la vie qu'il souhaite. Chacun décidera dans quelle forme d'Amour – par le vide ou par le plein – il souhaite poursuivre son chemin.

Cela étant, si vous envisagez une relation équilibrée et créatrice de valeurs à partir de l'Amour divin avec votre Flamme Jumelle, alors elle devra s'appuyer sur les fondations de l'Amour par le plein, au risque de construire une fragile relation d'illusions.

L'Amour des Flammes Jumelles : un Amour sacré

Il serait possible de dire que l'Amour des Flammes Jumelles est un Amour spirituel, puisque cet Amour ne prend pas sa source dans l'Amour physique, ni même dans l'Amour émotionnel ou mental. Cet Amour est en effet plus proche du niveau spirituel.

Pour autant, je trouve que dire que l'Amour des Flammes Jumelles est un Amour spirituel serait réducteur.

La voie de transformation qui s'offre aux Flammes Jumelles au travers du processus PURE™ ouvre une nouvelle dimension de l'Amour.

Cet Amour n'a pas vocation à être spirituel, dans le sens où il doit être au contraire manifesté sur Terre au travers d'actions, de projets…, de construction de nouveaux paradigmes.

Cet Amour relève plus du domaine du sacré, car il est en connexion avec l'Essence, l'Amour divin.

Différents types de relations

Il existe différents types de relations, qui sont des liens d'âmes pouvant être profonds, sans pour autant qu'il s'agisse d'un lien de Flammes Jumelles. Nous allons aborder en détail chacun des liens d'âmes, afin de mieux les connaître.

Tous ces liens d'âmes ont un sens et une importance permettant à nos âmes de vivre des expériences et des évolutions pour nous aider à grandir et nous permettre d'évoluer.

Partenaires de vie

Un partenaire de vie est un compagnon de route que je qualifierais de « classique et fréquent ». C'est un lien plutôt conventionnel qui est très souvent bien plus tranquille et plus confortable à vivre, dans le sens où aucun ne sort vraiment de sa zone de confort pendant la relation.

Ce type de relation peut être une nécessité salutaire pour la personne et l'âme qui, de toute façon, apprendront de cette relation et de ce que cette relation leur permettra de découvrir et de réaliser.

Relations karmiques

Une relation karmique est une âme que l'on a déjà connue dans une vie passée et avec laquelle nous pouvons avoir des mémoires karmiques. Il s'agit d'expériences agréables ou moins agréables en commun qui restent cristallisées dans notre mémoire énergétique.

Cette âme a pu être une personne que vous avez simplement croisée ou côtoyée, comme un ami, un membre de la famille ou autre, et parfois, une personne aussi avec qui vous étiez dans une relation amoureuse.

Ce type de relation réveille une mémoire du lien entre deux âmes assez rapidement. C'est pour cette raison qu'il peut y avoir une reconnaissance subtile, avec le sentiment de se sentir vite connecté avec la personne en question. Une aisance et une familiarité peuvent s'installer rapidement.

On peut ressentir qu'il y a un lien, avec un brin de mystère, quelque chose de différent et de plus profond que dans une autre relation. On peut se sentir attiré en quelque sorte par cette personne, sans raison particulière.

D'ailleurs, souvent, on arrive à se demander si cette attraction ne serait pas de l'Amour.

Une relation karmique peut même devenir envahissante dans notre esprit, voire obsessionnelle, car il arrive que quelque chose ne soit pas fini ou que l'on soit resté en conflit dans la vie passée.

Ce type de lien peut être profond et avoir des signes en commun avec le lien des Flammes Jumelles. C'est pour cela qu'apparaît très souvent la confusion chez les personnes qui prennent des relations karmiques non pleinement achevées pour une relation de Flammes Jumelles. La confusion peut être vite opérée, surtout si la personne est pressée de trouver sa Flamme Jumelle.

Il est toujours bon de travailler en énergétique, avec le reiki par exemple, sur les mémoires d'une relation karmique et sur la relation elle-même. De cette manière, les mémoires cristallisées qui agissent comme des poids dans la relation actuelle entre les âmes sont libérées et transmutées. La personne impliquée retrouve plus de paix et de sérénité en elle-même.

Si je dis qu'il faut se méfier des relations karmiques que l'on prend pour des relations de Flammes Jumelles, cela ne veut pas dire que les Flammes Jumelles n'ont pas de relations karmiques.

Au contraire, les Flammes Jumelles sont aussi souvent des relations karmiques ou souvent un couple karmique, car en général, leurs âmes se sont déjà croisées dans une ou plusieurs vies passées. Dans ce cas, je conseille vivement de faire un travail énergétique pour dissoudre et transmuter les mémoires.

De cette manière, le couple de Flammes Jumelles sera soulagé et libéré de mémoires passées, parfois douloureuses qui peuvent entraver la relation actuelle dans la présente incarnation et entraver le processus PURE™.

Couples karmiques

Ce type de lien est à la base une relation karmique dont la particularité est que dans des vies passées, les âmes étaient dans une relation de couple.

Le lien d'âme peut alors être plus intense et profond. On peut même se sentir et être inconsciemment et malgré soi dans une forme d'engagement vis-à-vis de l'autre. Bien entendu, cet engagement n'a plus lieu d'être et n'est pas juste dans cette vie. Mais il peut se réveiller à partir du moment où les âmes se retrouvent.

Par exemple, quand le couple karmique a fait un « vœu de mariage », le lien peut se complexifier davantage. Les deux âmes, ou simplement l'une des deux, peuvent se sentir inconsciemment loyales envers ce vœu, si jamais les âmes se retrouvent.

J'ai pu voir et accompagner des personnes qui avaient retrouvé une âme dont le lien était celui de « couple karmique ». Il arrive que ces personnes se sentent comme emprisonnées dans la relation, même si elles veulent en sortir et vivre une relation avec une autre personne. Une forme d'obsession parfois apparaît et peut durer.

Dans un cas comme celui-ci, certains confondent avec une relation de Flammes Jumelles ce lien si spécial et souvent fort, en raison du poids énergétique des engagements pris dans les vies passées.

Pour que le juste lien et le juste équilibre entre les âmes soient rétablis, il est nécessaire d'identifier la nature de la relation et des éventuels engagements pris à ce moment, et de travailler en énergétique sur les mémoires, afin de les libérer.

Âmes sœurs

Des âmes sœurs, on peut en rencontrer plusieurs au cours de notre vie. Il peut s'agir d'hommes ou de femmes, d'adultes comme d'enfants. Une âme sœur peut être un ami, une connaissance, un membre de la famille ou une personne que l'on croise dans sa vie, ou encore, une relation amoureuse.

L'âme sœur est une personne qui fait un bout de chemin plus ou moins long dans votre vie. Elle vous fera peut-être vivre une expérience nécessaire à votre évolution. Elle vous fera prendre conscience de certaines choses ou vous aidera à faire un choix dans votre vie.

L'âme sœur vous permet d'une manière ou d'une autre de mieux vous connaître, même si l'expérience vécue n'est pas forcément agréable et positive à vos yeux.

L'âme sœur est une personne avec qui l'on se sent « sur la même longueur d'onde », et avec qui l'on peut rapidement se sentir à l'aise, dès les premiers instants de la rencontre.

Il peut y avoir une reconnaissance des âmes, car elles se reconnaissent comme étant des âmes sœurs. Elles ont souvent des affinités et des goûts en commun, qu'elles peuvent partager.

On peut confondre une âme sœur avec une Flamme Jumelle, car le lien est différent de celui avec une relation habituelle. Il y a un lien spirituel profond, une belle connexion. Certains signes chez les âmes sœurs sont communs avec un lien de Flammes Jumelles.

Une âme sœur peut nous aider à nous préparer pour une relation de Flammes Jumelles, car elle nous permet d'avancer en nous-mêmes et de nous libérer de nos dépendances affectives, de comportements et d'autres croyances limitantes sur l'Amour et le couple.

C'est aussi un beau lien d'âme dans le cadre d'une relation amoureuse, si l'on n'a pas l'opportunité de vivre l'Amour du couple avec sa Flamme Jumelle.

Flammes Jumelles

Chacun de nous a une Flamme Jumelle avec qui il est lié pour toujours, qu'elle soit incarnée ou non.

Le plus souvent, elle est de sexe opposé et complémentaire. Et il arrive qu'elle soit aussi du même sexe dans l'incarnation. Cependant, au niveau de l'âme, l'essence de leur énergie reste la même : l'une est masculine, et l'autre est féminine.

Le lien des Flammes Jumelles va être largement détaillé, point par point, dans cet ouvrage, mais ce qu'il faut retenir par rapport aux autres liens d'âme, c'est qu'il s'agit d'une relation qui va être réveillée par une reconnexion subtile et/ou terrestre, dans un premier temps.

Ensuite, les deux âmes se retrouvent propulsées dans ce que j'appelle « le processus PURE™ » des Flammes Jumelles, qui est un cheminement personnel et spirituel très intense, profond. Généralement, il est vécu comme un grand raz-de-marée qui balaye tout et génère des transformations importantes.

Les Flammes Jumelles vivent des phénomènes et signes hors-norme spécifiques à cette relation complexe. Certains signes plus basiques se retrouvent aussi chez les âmes sœurs et les relations karmiques. Nous verrons tout cela en détail dans cet ouvrage.

Un lien de Flammes Jumelles n'a pas obligatoirement vocation à devenir une relation de « couple amoureux » comme on peut le croire, ou comme on a envie de le croire. Les âmes qui vivent la reconnexion réintègrent une partie d'elles-mêmes via leur jumeau d'âme et accèdent au processus pour vivre une profonde évolution avant tout.

Flammes sœurs

Les « Flammes sœurs » sont le lien qui existe entre différents couples de Flammes Jumelles. Même si, comme nous avons tous une Flamme Jumelle, nous avons tous plusieurs Flammes sœurs. Ce sont des personnes qui ont vécu la reconnexion des Flammes Jumelles au niveau subtil et/ou terrestre.

Par exemple, Ludovic et moi représentons un couple de Flammes Jumelles. Si vous êtes vous-même reconnecté dans votre couple de Flammes Jumelles, notre lien entre notre couple et votre couple est celui de « Flammes sœurs ».

Les couples qui vivent une reconnexion de Flammes Jumelles vibrent à un niveau d'énergie propre aux Flammes Jumelles. Quand je parle de « reconnexion de couple de Flammes Jumelles », cela ne veut pas dire forcément que les deux personnes vivent dans une relation comme un couple amoureux.

Les couples de Flammes Jumelles peuvent se reconnaître, car ils sont dans la même vibration spécifique de Flammes Jumelles. Mais parfois, il peut y avoir confusion, et l'on peut penser qu'une âme qui vibre comme une Flamme Jumelle est la sienne. Voyons au travers de cet exemple.

Il arrive par exemple que vous ayez vécu la « reconnexion subtile », provoquée par une demande à l'univers de trouver l'Amour du couple sacré ou de votre Flamme Jumelle (cela peut être formulé dans des termes différents et personnels). Si vous avez un jour fait une demande dans ce sens, peut-être avez-vous vécu une « reconnexion subtile » de Flammes Jumelles. La « reconnexion terrestre » peut arriver plus tard ou non, selon le Plan divin prévu pour vous. Cela sera expliqué plus loin.

Si la reconnexion subtile s'est opérée, vous êtes dans la vibration propre de Flammes Jumelles, mais vous ne connaissez peut-être pas encore physiquement votre jumeau.

Admettons que vous rencontriez une personne qui comme vous a vécu une reconnexion subtile, il y a de fortes chances pour que vos âmes se reconnaissent dans la vibration de Flammes Jumelles, même si vous n'êtes pas le couple qui va ensemble.

Alors, votre lien est en fait celui de Flammes sœurs et non de Flammes Jumelles.

Les personnes reconnectées à leur couple de Flammes Jumelles qui rencontrent d'autres Flammes Jumelles ont donc un lien de Flammes sœurs.

Les Flammes sœurs entre elles ressentent un lien qui les unit et une puissance qui émane de leur relation. Quand elles sont en contact, elles peuvent se sentir dans une sorte de cocon de bien-être et d'Amour. Comme si elles se sentaient dans leur « foyer » avec d'autres Flammes sœurs.

Certaines ressentent parfois une énergie s'activer en elles comme quelque chose qui se réveille à l'intérieur ou comme des sensations de picotement à différentes zones du corps, comme à la tête par exemple. Quand des Flammes sœurs sont en contact, elles peuvent se charger les unes aux autres et évoluer plus vite.

J'accompagne des Flammes Jumelles depuis plusieurs années et je sens généralement quand c'est une Flamme Jumelle reconnectée que j'ai en face de moi, donc une Flamme sœur. Une énergie particulière, puissante se réveille en moi, et des frissons ou autres picotements parcourent mon corps. Une connexion subtile s'établit avec cette âme sœur.

J'ai remarqué que presque à chaque fois que j'ai une personne au téléphone dans le cadre d'une consultation, les jours suivants, cela bouge en elle et chez elle naturellement, comme si son processus connaissait une accélération. Quant à moi, c'est comme si je gardais une connexion naturelle avec cette Flamme sœur et que nous faisions partie d'une même famille.

Il y a des Flammes sœurs que j'accompagne depuis plusieurs années ou plusieurs mois, et quand je suis dans ce cas, la connexion avec elles est plus fine, et je ressens par moments leurs hauts et leurs bas, sans avoir de contact avec elles.

Mieux connaître les Flammes Jumelles

Définition des Flammes Jumelles

Définir ce qu'est une Flamme Jumelle est assez subtil. Pour en avoir une bonne et pleine compréhension, il est nécessaire de ne pas aborder cette notion du point de vue du mental en tenant simplement compte de ce que nous connaissons des relations.

Votre Flamme Jumelle est votre jumeau d'âme, c'est-à-dire l'âme qui vient du même « cocon divin » que votre Essence. Vos âmes sont nées en même temps. Votre Flamme Jumelle, c'est celui ou celle qui est votre autre vous-même en tant qu'âme.

Nous avons tous une Flamme Jumelle quelque part ; qu'elle soit incarnée ou non.

Nous sommes liés à notre Flamme Jumelle par un « cordon permanent » spirituel qui ne peut pas se couper et qui existe au-delà du temps, de l'espace et de la distance.

L'une des âmes est d'une énergie « féminine », et l'autre, « masculine ». Cette polarité, qu'elle soit féminine ou masculine au niveau de leur Essence divine, ne change pas au cours des incarnations. En revanche, le sexe, lui, peut changer d'une incarnation à l'autre.

Le lien de Flammes Jumelles est avant tout un lien d'âmes, profond et spirituel. Ce lien peut être parfois vécu sur Terre, donc se matérialiser et devenir une « relation terrestre » quand des Flammes Jumelles se retrouvent.

Cette relation peut ou non devenir une « relation amoureuse », mais ce n'est ni une obligation ni une fin en soi.

Le lien de Flammes Jumelles nous permet de réintégrer pleinement l'Amour absolu en nous-mêmes et d'accéder à une nouvelle dimension de l'Amour.

Mais contrairement aux croyances et idées reçues, il n'est pas obligatoire de vivre une « relation amoureuse » avec notre jumeau d'âme. Nous verrons cet aspect plus précisément au cours de cet ouvrage.

Caractéristiques d'un lien de Flammes Jumelles

Les personnes qui vivent une reconnexion de Flammes Jumelles vont commencer à ressentir et à vivre des « signes et phénomènes » subtils et physiques hors-norme.

Chacune d'elles va entrer dans un « processus » de Flammes Jumelles qui est décrit plus précisément dans le chapitre sur le processus.

Ce processus est une forme de cheminement personnel et spirituel, dans lequel chaque Flamme Jumelle se trouve propulsée, même si elles ne sont pas en contact ou en relation l'une avec l'autre.

Ces caractéristiques, je les ai observées chez bon nombre de couples de Flammes Jumelles un peu partout dans le monde sur plusieurs années. Nous allons parler progressivement plus en détail de tous ces aspects au cours de cet ouvrage.

Ce lien est vraiment particulier. Qu'il soit seulement au niveau des plans subtils ou également sur Terre, dans le cadre d'une relation, ce lien ne ressemble à rien de connu.

C'est un lien profond, incomparable qui apporte de grandes transformations. C'est une porte qui s'ouvre sur une nouvelle dimension de soi, un nouveau monde et une nouvelle dimension de l'Amour.

Illusions et réalités

Les Flammes Jumelles inspirent et fascinent depuis la nuit des temps, même si ces termes-là n'étaient pas employés à l'époque.

Nous utilisons plus communément le terme d'« âmes sœurs » quand nous pensons à l'Amour idéal, avec la personne qui serait notre « autre partie », notre « jumeau ».

Nous emploierons ici le terme de « Flammes Jumelles » pour désigner ce type de lien unique, car « l'âme sœur » est un autre type de lien d'âme.

Depuis peu de temps, la notion de « Flammes Jumelles » devient un phénomène qui suscite beaucoup de curiosité et d'intérêt. J'ai pu constater qu'il y avait aussi énormément d'illusions et de fausses croyances à ce sujet.

J'entends souvent dire des personnes en recherche de leur Flamme Jumelle « que tout ira mieux » quand elles l'auront enfin retrouvée.

Elles ont cette idée forte, cette croyance, que puisque cet Amour est parfait, alors tout coulera et se vivra comme une évidence. Elles imaginent que le simple fait de retrouver et de se reconnecter à leur Flamme Jumelle aura l'effet d'un coup de baguette magique, comme dans un conte de fées où le prince charmant et la princesse se blottissent l'un contre l'autre pour l'éternité.

De plus, en même temps que la personne imagine ces retrouvailles, elle projette le profil de la Flamme Jumelle à l'image de son idéal.

Ce que je vais écrire maintenant va sûrement déplaire à ceux qui voudraient que tout se passe le plus simplement possible.

Déjà, il n'est pas exclu que votre Flamme Jumelle ne soit pas du tout dans les critères de choix que vous pourriez avoir en recherchant un simple amoureux ou amoureuse.

Ensuite, la réalité d'une relation de Flammes Jumelles, surtout au début, est loin du conte de fées, même si effectivement, une certaine magie et alchimie s'opèrent.

Vivre une reconnexion de Flammes Jumelles, c'est comme vivre un raz-de-marée au plus profond de son être et dans sa vie.

Le fait de se reconnecter à sa Flamme Jumelle va venir mettre en lumière toutes vos zones d'ombre, tout ce qui est enfoui en vous, toutes vos peurs, vos doutes, vos traumatismes… tout ce qui n'est pas dans la lumière et dans l'Amour.

Autant dire que cela devient très vite désagréable à vivre. C'est pour cela que certaines personnes arrivent à dire qu'elles auraient préféré ne pas retrouver leur Flamme Jumelle, pour être plus tranquilles et vivre normalement.

Une telle relation est complexe et demande l'acquisition d'une bonne maîtrise de soi et de sa partie sombre.

Certains pensent que le travail qu'ils ont entrepris depuis des années dans le cadre de leur développement personnel et spirituel leur a permis de nettoyer et de traiter toutes ces zones d'ombre.

En réalité, ce travail a souvent simplement permis la reconnexion à leur Flamme Jumelle, mais il est loin d'être suffisant. Cette reconnexion va aller chercher beaucoup plus profondément ce qui est en vous et qui n'est pas dans le plein Amour et la pleine lumière. Alors, croyez-moi, il y a de grandes chances que cela fasse effectivement l'effet d'un tsunami d'émotions, souvent négatives.

Dès lors qu'il y a reconnexion avec sa Flamme Jumelle, c'est comme si l'illusion n'avait plus sa place. Il n'y a de place que pour l'authentique, le juste et le parfaït.

Vous pourrez continuer à dissimuler des parties sombres en vous en refusant de les voir, de les accueillir et de les transmuter. Mais plus vous le ferez, plus vous risquerez de souffrir et d'être mal, car cette étape est indispensable pour entrer dans une relation juste, équilibrée permettant d'accéder à cette pleine puissance de cette dimension de l'Amour.

Je sais aussi que la tendance actuelle est à la simplification. Nous souhaitons que tout nous soit simplifié et que tout soit presque instantané.

Alors, la tentation de vouloir la même chose vis-à-vis de sa reconnexion avec sa Flamme Jumelle est presque systématique.

La plupart des personnes que j'accompagne acceptent de passer par une phase de nettoyage de leur partie sombre, mais cela ne doit pas durer trop longtemps. Très vite, elles sont persuadées (elles se persuadent) que tout est réglé et que tout va être parfait dans le meilleur des mondes.

Si cela fonctionne quelque temps, malheureusement, il suffit de peu de chose pour que parfois sur une simple parole tout s'écroule, avec cette sensation de revenir à zéro.

Je le redis : il n'y a plus de place pour l'illusion. D'ailleurs, cela semble logique. Si nous nous mentons à nous-mêmes, consciemment ou inconsciemment, comment cette relation si unique et si puissante peut-elle se révéler dans le juste et le parfait ?

Si aujourd'hui nous racontons, Ludovic et moi, notre histoire avec sérénité, c'est que nous sommes passés l'un et l'autre par ces phases réellement difficiles et profondes. Et je peux vous assurer que chaque fois que nous tentions de nous arranger avec nous-mêmes pour ne pas aller jusqu'au bout de la transmutation d'une zone d'ombre en une zone lumineuse et d'Amour, il y avait un clash.

L'avantage, c'est que, comme je vous le disais, nous avons sans cesse avancé en travaillant en conscience et en étant en méta position avec nous-mêmes, ce qui nous permettait de voir l'erreur en même temps que nous la faisions.

Et comme nous avions pris cet engagement chacun en nous-mêmes de ne pas transiger et de travailler sans relâche à l'abandon des illusions, nous n'avons pas cédé, même si c'était difficile.

En tout cas, ce cheminement a été comme une initiation profonde qui nous a permis d'accéder à une dimension puissante de l'Amour ouvrant des perspectives de cocréation et de coévolution qui ont fait oublier ce que nous avons dû endurer.

Plusieurs états pour les Flammes Jumelles : incarnées/non incarnées

Un couple de Flammes Jumelles peut être incarné ou non en même temps.

Si les deux sont incarnées

Les « retrouvailles terrestres » sont bien entendu plus plausibles, si cela fait partie du Plan divin et que les âmes sont prêtes. Il faut savoir que les Flammes Jumelles peuvent être très différentes.

Par exemple, elles n'ont pas forcément le même âge. Elles ne vivent pas forcément dans le même pays ou continent. Elles n'ont pas toujours la même culture, la même religion. Et comme je le disais précédemment, elle peut ou pas correspondre à votre idéal homme-femme d'un point de vue « humain ».

Si une Flamme Jumelle n'est pas encore incarnée

Il peut arriver aussi que sa Flamme Jumelle ne soit pas incarnée sur Terre. Cela signifie que ce n'était pas forcément le moment pour les âmes de se retrouver sur Terre pour vivre cette reconnexion et agir selon l'énergie de cette reconnexion.

Cela étant, pour les personnes dont c'est le cas concernant leur Flamme Jumelle, il peut y avoir un sens profond à vivre une reconnexion subtile avec leur Flamme Jumelle. C'est un point que j'aborde plus loin dans le livre.

Si une Flamme Jumelle est décédée

Il existe des cas où la Flamme Jumelle décède avant ou après la reconnexion du couple.

Dans ce cas, le « cordon permanent » qui est le lien subtil entre les deux âmes n'est pas rompu et perdure ; et cela, quel que soit le temps qui passe et la séparation physique.

Un lien de Flammes Jumelles ne peut pas se couper.

Si le couple de Flammes Jumelles a vécu « la reconnexion » avec tout ce que cela comporte comme signes, phénomènes et également le « processus des Flammes Jumelles », et que l'un décède, les effets de la reconnexion ne sont pas annulés. Cela signifie que malgré le fait que l'une des Flammes Jumelles parte de l'autre côté du voile, il ne s'agit que de la mort du corps physique et non de celle de l'âme (la mort = « l'âme hors »).

Quand une Flamme Jumelle n'est pas encore incarnée ou qu'elle est déjà décédée, cela n'empêche pas de vivre une reconnexion subtile de Flammes Jumelles. Nous verrons un peu plus loin quel est le sens de vivre une reconnexion subtile dans le cas où l'on ne peut pas rencontrer réellement sa Flamme Jumelle ou vivre en couple avec elle.

Les sexes du couple de Flammes Jumelles

Pour aborder ce sujet, commençons par parler des âmes. Comme je l'ai expliqué précédemment, dans un couple de Flammes Jumelles, l'une des âmes est d'une énergie prédominante « féminine » et l'autre d'une énergie prédominante « masculine ».

C'est l'énergie prédominante de leur essence divine, et cela n'a rien à voir avec le sexe masculin ou féminin.

L'énergie dominante des âmes ne change pas avec le temps et au fil des incarnations. Cependant, le sexe choisi à chaque incarnation peut varier, selon les expériences de vie que chacune des âmes doit expérimenter.

Quand les âmes sont incarnées en même temps, elles peuvent donc être dans différents cas de configuration, soit de sexe opposé, soit de même sexe.

La configuration homme-femme est celle que j'ai constatée le plus souvent dans le cas où les deux âmes étaient incarnées.

Mais j'ai aussi eu l'occasion de rencontrer des Flammes Jumelles qui étaient du même sexe. Le plus souvent, c'était plutôt dans la configuration femme-femme.

D'ailleurs, je tiens à préciser que les couples de Flammes Jumelles de même sexe n'étaient, la plupart du temps, à la base, pas du tout attirés par des personnes du même sexe.

Au tout début, j'avais cette idée que les couples de Flammes Jumelles étaient de sexes opposés : homme-femme.

Puis, dans le cadre des accompagnements que je dispense, j'ai eu plusieurs fois l'occasion d'accompagner en séances des personnes étant avec leur Flamme Jumelle de même sexe, que j'ai moi-même reconnue comme vivant les signes et phénomènes de Flammes Jumelles, ainsi que le processus des Flammes Jumelles.

Si besoin, en cas de doute, je validais également pas d'autres moyens. J'étais un peu sceptique au départ sur cette possibilité que des personnes de même sexe puissent être Flammes Jumelles, mais aujourd'hui, je pense que c'est tout à fait possible, d'après ce que j'ai pu constater à plusieurs reprises.

De plus, je travaille également souvent en séances énergiques de Flammes Jumelles sur des mémoires karmiques, et j'ai pu voir que parfois dans d'autres vies, les Flammes Jumelles s'incarnaient avec le même sexe. Autre remarque complémentaire : il peut arriver que les Flammes Jumelles s'incarnent dans une même famille, comme un lien parent-enfant, car je vous rappelle que les Flammes Jumelles ne sont pas forcément des couples. Alors, pourquoi pas du même sexe, finalement ?

Éveillée et moins éveillée

Dans un couple de Flammes Jumelles, même si elles sont liées, chacune a son identité et son histoire propre. Leurs âmes vibrent au même niveau, mais leur partie humaine ne se trouve pas forcément au même avancement.

C'est pour cette raison, que dans le couple, on peut ressentir un « décalage d'éveil » entre l'un et l'autre. Et en général, cela crée une grande frustration de la part de la personne « éveillée ».

Ce que j'observe souvent, c'est que la personne « éveillée » se met en attente de l'autre, en espérant qu'elle va la rejoindre à son niveau d'éveil.

Adopter cette position, c'est faire abstraction que chacun avance à son propre rythme et que chacun est libre d'avancer ou pas. Cela signifie en général que l'autre ne va pas avancer aussi vite que la personne le souhaite. Et à partir de là, c'est ressenti comme si l'autre empêchait la reconnexion.

Adopter cette posture, c'est faire porter à l'autre le poids du cheminement, parce que la personne « éveillée » pense qu'elle est déjà, elle, au point d'arrivée et que le simple fait que l'autre arrive enfin va permettre de jouir pleinement de la puissance de cette nouvelle dimension d'Amour.

Cette posture revient à décrire celle que j'expliquais au début du livre concernant les illusions et le fait de penser que parce que l'on a déjà eu un cheminement spirituel avant la rencontre avec sa Flamme Jumelle, tout est joué.

Comme je l'ai dit, ce travail spirituel initié aura la plupart du temps simplement permis la reconnexion à sa Flamme Jumelle, et c'est à partir de ce moment que le travail commence réellement.

Cela signifie que la personne dite plus éveillée doit continuer à avancer en travaillant en elle-même par rapport à cette relation avec sa Flamme Jumelle, en acceptant de voir ce qui était encore caché, en l'accueillant avec bienveillance et avec Amour, et en transmutant par la lumière et l'Amour cette zone d'ombre.

Les Flammes Jumelles sont en permanence reliées, ce qui signifie que le travail effectué par l'une des Flammes Jumelles bénéficie de toute façon à l'autre. Alors, il ne s'agit pas d'attendre que l'une rejoigne l'autre. Il s'agit de continuer à travailler et à agir en soi sans relâche et sans attendre de l'autre.

Mission des Flammes Jumelles

Vivre la reconnexion des Flammes Jumelles dépasse le simple fait de vivre l'Amour parfait au sein du couple, d'autant que cette relation est assez complexe à vivre, de par sa puissance et pleine maîtrise nécessaire de soi pour trouver l'équilibre et l'harmonie.

Tous les couples de Flammes Jumelles qui se retrouvent ne vivent pas forcément tous ensemble comme un couple amoureux jusqu'à la fin de leur vie.

Vivre l'Amour du couple comme nous l'entendons peut être une étape dans le processus des Flammes Jumelles, mais ce n'est pas une finalité.

Ce point est important, car très souvent la recherche est celle de rencontrer l'Amour parfait au sein du couple et de vivre heureux en couple et en famille pour l'éternité.

Cela peut effectivement être un des points de la relation des Flammes Jumelles, mais ce n'est pas le point essentiel. En effet, il serait réducteur de croire que cela serait la finalité au regard du chemin, du courage et du travail nécessaires pour parvenir à cette relation pleine et entière. Ce n'est en réalité qu'une étape nécessaire pour servir quelque chose de bien plus grand.

Alors, si ce n'est pas uniquement pour vivre parfaitement en couple, à quoi sert cette reconnexion de Flammes Jumelles ?

Avoir l'opportunité de vivre une telle reconnexion de Flammes Jumelles sert plusieurs plans importants et lumineux.

- Il faut savoir que des Flammes Jumelles qui se retrouvent au niveau spirituel et/ou terrestre ont l'opportunité de vivre chacune le processus des Flammes Jumelles. Cela signifie que c'est une possibilité de vivre un cheminement personnel et spirituel, profond et plus rapide que d'ordinaire. Pour soi-même, c'est une grande chance de bénéficier de la reconnexion, même si l'on n'a pas la possibilité de vivre ensuite l'Amour du couple comme on l'imaginait.

- Les Flammes Jumelles reconnectées ont chacune une mission d'âme personnelle et d'une manière ou d'une autre, leurs missions respectives peuvent devenir « communes » partiellement ou complètement. C'est le mariage de leurs énergies qui permettra à un moment de donner naissance à quelque chose qui servira à d'autres, à l'humanité, à la vie.
- Les Flammes Jumelles, au moment de leur reconnexion, reçoivent aussi une énergie puissante d'Amour. Cette énergie est comme une petite graine d'Amour semée en chacune et qui grandira en elles et avec elles. Les Flammes Jumelles irradieront naturellement cet Amour puissant et lumineux autour d'elles. Plus il y aura de reconnexions de Flammes Jumelles, plus cette énergie lumineuse et puissante d'Amour sera présente sur Terre. Et cette énergie permet de transformer le monde de manière lumineuse. Les Guides appellent cet Amour « l'Énergie ChristAll »[1].

La reconnexion des Flammes Jumelles et le cheminement qui s'opère dès lors permettent d'accéder à une dimension nouvelle et puissante de l'Amour.

L'accès à une dimension élevée de l'Amour ne sert pas simplement le couple et la famille qui entoure le couple de Flammes Jumelles. Cette fréquence élevée de l'Amour des Flammes Jumelles n'est que le prérequis pour permettre la cocréation engendrant la coévolution.

Dès lors que les Flammes Jumelles seront reconnectées et auront accès à cet Amour, alors ce qu'elles construiront et créeront dans leur vie aura l'empreinte de cet Amour. Et créer ainsi, c'est permettre de changer de paradigme en élaborant des plans reposant sur l'Amour divin.

Ce n'est pas pour rien qu'aujourd'hui, de plus en plus de personnes se sentent attirées par cette reconnexion avec leur Flamme Jumelle.

1. Pour en savoir plus, vous pouvez consulter le site : www.christall-love-energy.world.

Ce n'est pas anodin, car l'humanité semble être arrivée au terme de modèles vieillissants, et il est temps de les remplacer par des modèles où l'Amour serait à la fois le centre, le ciment et l'énergie qui circule.

Et effectivement, cette création se fait à plusieurs. Déjà ce que chaque couple va accomplir à deux, et ensuite ce que les couples vont accomplir ensemble. C'est pour cela qu'une des missions est la cocréation.

Mais cocréer pour quoi faire ? Ici encore, la cocréation n'est qu'une étape, un moyen nécessaire pour permettre à l'humanité de coévoluer. Pour qu'un modèle remplace un autre, pour qu'une humanité puisse basculer dans l'Amour, il est nécessaire que le plus grand nombre de personnes puissent évoluer pour permettre le point de bascule. D'où cette mission de cocréer pour coévoluer.

Comment valider qu'il s'agit d'un lien de Flammes Jumelles ?

Quand on vit une reconnexion de Flammes Jumelles, on ressent que ce lien n'est pas habituel. Il va chercher et réveiller quelque chose de profond en soi-même. Et ce lien n'est pas comparable aux autres relations déjà vécues.

Cela étant, le chemin peut être plus ou moins long pour arriver à cette notion des « Flammes Jumelles » qui en soi va permettre d'apporter un éclairage et surtout de porter à la conscience le fait qu'une telle relation puisse exister et qu'une telle relation a un rôle primordial pour soi et pour les autres.

Le plus souvent, les personnes ne connaissent pas l'existence des Flammes Jumelles. Et c'est en cherchant sur Internet qu'elles arrivent à trouver des informations sur les phénomènes étranges qu'elles vivent dans leur situation.

Parfois, un article ou une vidéo arrivent « comme par hasard », et les personnes se retrouvent dans ce qui est expliqué. Cela fait écho en elles.

D'autres fois, elles ont déjà entendu parler de « Flammes Jumelles », et quand la rencontre se fait, la mémoire revient, et elles font le lien éventuel avec la relation.

Cela étant, même si la recherche est plus accessible avec Internet, et que de nombreuses informations circulent, il ne faut pas tirer de conclusion trop hâtive concernant la validation ou non d'un lien de Flammes Jumelles.

Encore une fois, rappelez-vous la partie concernant les illusions. Et souvenez-vous qu'il est aussi possible de confondre avec une autre forme de relation d'âmes.

En tout cas, une certitude est que vous seul pouvez confirmer le lien de Flammes Jumelles. Et pourtant, la plupart des personnes vont tenter de chercher chez les autres la réponse.

Il est important, voire primordial, que vous puissiez valider par vous-même qu'il s'agit bien d'un lien de Flammes Jumelles. Cela est important, car en remettant cette réponse à un tiers, c'est comme si vous lui remettiez votre propre pouvoir. Que se passerait-il pour vous si la personne se trompait ?

N'oubliez pas que vous êtes celui qui connaît le mieux sa Flamme Jumelle. Alors, qui mieux que vous peut la reconnaître ? Vous ne devez pas aller chercher la réponse dans votre mental. Vous devez aller interroger votre âme, qui validera ou non le lien.

Certains sont tentés de demander une validation à des médiums. Ce que j'ai observé à plusieurs reprises, c'est que les couples de Flammes Jumelles reconnectées ont pour certains comme une sorte de « protection » qui fait que l'on n'accède pas ou partiellement à leurs informations. Dans un tel cas, cela peut entraîner des erreurs et des interprétations erronées.

Je suis régulièrement confrontée à des personnes qui ont reçu des réponses différentes et qui en définitive se retrouvent plus perdues qu'au départ.

Encore une fois, la validation du lien par les Flammes Jumelles elles-mêmes fait partie du processus à vivre par elles.

Prendre conscience de soi pour valider le lien.

Je pense qu'il est vraiment important que cette validation soit profonde.

Pour cela, l'un des moyens est de prendre conscience de ce qu'est et implique un lien de Flammes Jumelles. Ce qui ne vous empêche pas d'être aidé, guidé et accompagné sur ce chemin-là, mais cette validation, personne ne peut la faire à votre place pour qu'elle soit pleine et entière.

C'est le travail que je fais en entretien téléphonique quand j'accompagne quelqu'un. Je ne donne pas moi-même la validation, même si j'arrive à ressentir quand il s'agit d'un couple de Flammes Jumelles ou non. En revanche, je guide la personne pour qu'elle arrive à cette validation ou non par elle-même.

En lisant ce livre, vous allez disposer de nombreux éléments pour déjà bien avancer sur ce processus de validation du lien. Si vous vous reconnaissez dans de nombreuses descriptions que je ferai tout au long de ce livre, c'est qu'il s'agit très certainement d'un lien de Flammes Jumelles.

Processus des Flammes Jumelles

Après plusieurs années d'expériences au sein de notre propre couple de Flammes Jumelles, d'accompagnement d'autres couples et d'observations, nous avons pu mettre en évidence l'existence d'un « processus » que l'ensemble des couples de Flammes Jumelles vivent dans cette relation spéciale.

Ce processus est comme un parcours initiatique pour les âmes incarnées, parsemé d'étapes que l'on retrouve chez les personnes qui vivent la reconnexion du couple de Flammes Jumelles.

Nous pouvons considérer qu'il y a quatre phases :

- Phase 1 : la préparation nécessaire pour retrouver sa Flamme Jumelle.
- Phase 2 : la reconnexion des Flammes Jumelles.
- Phase 3 : le Processus PURE™ (vécu par chaque Flamme Jumelle qui veut suivre son cheminement).
- Phase 4 : la contribution aux transformations qui s'opèrent sur Terre.

Phase 1 : retrouver sa Flamme Jumelle

Nous avons chacun notre Jumelle d'âme. Mais nous n'avons pas forcément tous la possibilité de faire sa rencontre concrètement au cours de cette incarnation terrestre.

Pour que votre rencontre sur Terre puisse avoir lieu, il faut que plusieurs paramètres soient réunis :

- que la Flamme Jumelle soit incarnée en même temps que vous,
- que cela fasse partie du Plan divin pour cette incarnation,
- que vous suiviez à un moment l'appel de votre âme qui vous guidera vers les retrouvailles terrestres avec votre Flamme Jumelle.

Le Plan divin

C'est ce que l'univers – ou Dieu (selon vos croyances) – a prévu pour vous dans cette incarnation pour votre âme.

Avant de s'incorporer, votre âme a connaissance des défis, des situations et des rencontres qu'elle va devoir expérimenter au cours de l'incarnation à venir, pour lui permettre d'évoluer.

La « reconnexion » avec votre Flamme Jumelle peut faire partie de vos expériences ; ce qui fait que la rencontre pourra être orchestrée par le Plan divin.

Attention, ce n'est pas parce que cela fait partie du Plan divin vous concernant que vous devez ne rien faire et attendre que cela se produise. Quand vous vous incarnez, il y a quelque chose de plus fort que les plans inscrits : votre libre arbitre.

À tout moment, c'est vous qui décidez de vos choix par rapport à ce qui se présente à vous. À tout moment, c'est vous qui décidez de faire ou de ne pas faire.

Certaines personnes pensent qu'elles ne décident pas et que ce sont les autres qui le font à leur place. En réalité, elles ont décidé et elles ont fait un choix, celui de laisser les autres décider à leur place. Cela fait partie de leur libre arbitre.

Ce que j'ai observé aussi chez les personnes qui ne semblent pas être heureuses dans leur vie, dans leur couple, dans leur travail, c'est qu'elles font souvent le choix répété de ne pas écouter leur âme – leur petite voix intérieure –, et finalement, elles font des choix systématiques qui sont à contre-courant des plans initialement prévus pour elles.

Il est évident qu'une des clés primordiales du bonheur est de vivre la vie telle que notre âme nous souffle de le faire. Comme je le dis et répète sans cesse : « Vivre comme qui je suis vraiment ».

Pour revenir à l'orchestration de cette reconnexion entre Flammes Jumelles, elle dépend du libre arbitre de chacun et de sa volonté de s'approcher de la vie que l'âme souffle.

L'appel de l'âme guidant vers sa Flamme Jumelle

Et si j'insiste sur l'importance de notre libre arbitre et de l'alignement de notre vie avec le Plan divin de notre âme, c'est que lorsque nous évoquons avec les personnes que j'accompagne l'origine des retrouvailles avec leur Flamme Jumelle, nous constatons que la rencontre s'est produite à un moment où elles avaient écouté et suivi l'appel de leur âme. Et très souvent, ces appels de l'âme sont survenus au niveau de la personne après une prise de conscience engendrée par un événement particulier, comme une rupture, un changement de contexte professionnel…

Mais quels peuvent être ces appels de l'âme ? Pas facile, quand on est conditionné pendant des dizaines d'années à fonctionner au travers de filtres construits sur des peurs, des croyances, des habitudes qui sécurisent.

Par exemple, un cas qui revient régulièrement, c'est quand la personne ressent le besoin répétitif d'entreprendre un voyage dans un lieu spécifique qui n'est pas forcément celui qu'elle aurait choisi spontanément.

Toujours dans l'espace lieu, il peut y avoir un besoin, une envie grandissante de déménager, de partir ailleurs, de quitter le lieu où la personne se trouve pour s'installer dans un autre lieu, une autre ville, un autre pays.

Dans les deux cas, c'est comme un besoin fort, une envie forte, comme une attraction. Dans ces cas, il y a de grandes chances pour que ce soit votre âme qui vous pousse à suivre le chemin pour tracer votre Plan divin.

Faire un voyage dans un pays dans lequel vous n'imaginiez pas partir, pourquoi pas ? Mais déménager parce que quelque chose de fort vous pousse à le faire, c'est déjà plus difficile à intégrer pour certaines personnes.

C'est pour cela que certains vont choisir de ne pas écouter cet appel et vont faire le choix par leur libre arbitre de rester là où ils sont.

En tout cas, aussi fou que cela puisse paraître, c'est souvent ce qui permet la rencontre entre deux Flammes Jumelles par rapport à ce que j'ai observé chez les personnes que j'accompagne. Et si je considère notre simple histoire, à Ludovic et moi, ce n'est pas un fait improbable qui a permis notre rencontre, mais des faits en cascade tous aussi improbables les uns que les autres, une vraie conspiration de l'univers.

En tout cas, l'un comme l'autre, nous avons suivi l'appel de notre âme à chaque étape. Et la rencontre, nos retrouvailles et notre reconnexion se sont produites.

Je vous imagine déjà en train d'écouter la petite voix dans votre tête pour entendre votre âme. Attention, car il y a aussi votre ego qui peut vous pousser à faire tout le contraire, en se faisant passer pour votre âme. Je caricature ici, mais ce n'est pas loin d'être le cas.

C'est ce que j'expliquais au début lorsque je parlais des « illusions ». Vous voulez le plein Amour et retrouver votre Flamme Jumelle, pas de souci ! L'ego a compris que le jour où vous vous reconnecterez à votre

Flamme Jumelle, ses jours seront comptés. Alors, il va tout faire pour vous faire croire que telle ou telle personne est votre Flamme Jumelle.

Et vous, comme vous êtes dans cette recherche, vous serez prêt à plonger dans l'illusion jusqu'au moment où vous vous apercevrez que vous vous êtes fait avoir par votre ego. Alors, il vous appartiendra, au moyen de votre libre arbitre, de vous remettre en quête ou de poursuivre ainsi.

L'appel de l'âme pour diriger une personne vers sa Flamme Jumelle survient très souvent après un changement dans la vie de la personne. Cela peut être après une rupture amoureuse, après la perte d'un emploi, après un changement de travail, après le décès d'un proche…

Ce qui précède cet appel est un événement dans la vie de la personne qui va permettre une ouverture de conscience. Par exemple, la personne va quitter son travail, car celui-ci l'empêche d'être épanouie et de profiter pleinement de sa vie. Une prise de conscience s'opère alors.

Le changement, la rupture sont causés par le décalage entre la réalité vécue par la personne et le chemin voulu par l'âme. Et en général, c'est le moment où une ouverture de conscience s'opère chez la personne qui prend conscience de ce qu'elle quitte, de la raison pour laquelle elle le quitte et qui a une idée de ce qu'elle aimerait avoir à la place.

J'écris « une idée », car très souvent, les personnes, ne sachant pas forcément ce qui existe d'autre que ce qu'elles connaissaient depuis des années, ont des difficultés à se projeter. Et même une personne qui dira qu'elle veut être heureuse ne saura pas forcément expliquer clairement ce que cela signifie pour elle.

En tout cas, il y a comme un déclic qui se déclenche et qui ouvre une porte d'accès à l'âme pour nous pousser vers autre chose et ainsi nous permettre de nous aligner avec nos Plans divins.

Pour expliquer tout cela en d'autres termes, je pourrais écrire que si une personne continue à vivre, à choisir et à agir comme elle l'a toujours fait alors que sa vie ne lui convient pas pleinement, alors il y a peu de chances pour que la porte permettant à l'âme de s'exprimer auprès d'elle puisse s'ouvrir pleinement.

Ces notions de « changement » et de « choix » sont alors très prégnantes.

Certains me disent qu'ils ont déjà connu des ruptures, qu'ils ont déjà changé de travail, mais ce n'est pas pour autant qu'ils ont entendu ce signal de l'âme qu'ils appellent de leurs vœux.

Ce n'est pas parce que vous avez vécu un changement que vous avez pour autant décidé et fait le choix de suivre le chemin de votre âme par la suite. Beaucoup, par habitude et aussi par peur du changement, font le choix de reproduire ce qu'ils faisaient déjà sur le fond, même si la forme semble différente. Rappelez-vous encore l'importance des illusions.

Mais alors, comment savoir si vos choix sont dictés par les illusions et l'ego ou par votre âme ? Vous devez vous poser la question à chaque fois que vous prenez une décision ou que vous faites un choix, si ce que vous vous apprêtez à faire est respectueux de vous-même, si ce que vous allez faire est une source d'Amour pour vous-même.

En faisant ce qui est bon pour vous, ce qui est juste pour vous, ce qui est respectueux pour vous, alors vous servez votre âme.

Enfin, j'ai également pu constater – plus rarement – qu'un choc ou une maladie étaient parfois à l'origine de cette poussée de l'être générateur de ce changement et d'un cheminement intérieur profond, visant à retrouver ce qui est vraiment essentiel.

Une telle situation amène souvent à avoir un nouveau regard sur la vie et à envisager de vivre autrement en étant plus en accord avec soi-m'aime (tiens, j'ai remis « m'aime » au lieu de « même » !)

Nous concernant, Ludovic et moi, nos retrouvailles se sont faites après un changement de vie à la fois professionnel et personnel, chacun de notre côté et pratiquement en même temps.

Nous avons tous les deux quitté notre poste de salarié pour nous lancer à notre compte dans ce qui nous tenait vraiment à cœur. C'est d'ailleurs dans le cadre d'un projet professionnel que nos retrouvailles ont eu lieu. Chacun de nous avait, en effet, décidé de mener un projet en résonance avec qui il était vraiment et avec ses valeurs.

Ce premier rendez-vous a été non seulement le lieu et le moment de nos retrouvailles, mais aussi la révélation d'un projet commun, alors que nous l'avions construit séparément sans nous connaître.

Non seulement l'un était révélé à l'autre, mais en plus, il nous était révélé notre mission de Flammes Jumelles au travers du projet.

Si je vous raconte cela maintenant d'une façon si simple et si évidente, cela l'était moins lors de ce premier rendez-vous. Car, si effectivement nos âmes s'étaient reconnues et reconnectées, nos personnes devaient appréhender tout cela au travers de nos filtres, de vos voiles et de nos peurs.

De même, au niveau de notre projet professionnel, c'est en continuant à le dessiner ensemble que nous avons compris l'impact positif sur les autres. Et c'est en prenant conscience des énergies qui le composaient, et qui doivent le composer pour qu'il soit à l'image de ce qu'il doit être, que nous avons compris que celui-ci n'aurait pas pu être plein et entier sans cette reconnexion et sans cette cocréation entre Ludovic et moi.

En tout cas, le jour de ces retrouvailles et à chaque moment ensuite, nous avions la possibilité de renoncer pour revenir à des vies plus ordinaires. Mais, tout comme nous avions osé suivre l'appel de notre âme, tout comme nous avions eu le courage de lever les voiles en nous et autour de nous, nous avons décidé de nous lancer corps et âme dans cette « réUNion », d'autant que nous avions entrevu la mission que nous devions mener, et que celle-ci impactait des personnes. Il nous fallait aller de l'avant.

Phase 2 : la reconnexion des Flammes Jumelles

Le phénomène de la reconnexion des Flammes Jumelles s'opère déjà à un niveau subtil avant de se produire au niveau terrestre.

Dès la première étape de reconnexion, des phénomènes et signes spécifiques aux Flammes Jumelles peuvent commencer à se produire pour les deux âmes, même si elles ne les vivent pas tout à fait de la même manière.

Le cordon permanent

Avant d'évoquer les reconnexions, j'aimerais vous parler du « cordon permanent ».

Le cordon permanent est un cordon qui relie en permanence les deux âmes dès leur naissance en tant qu'âmes. Bien évidemment, c'est un cordon subtil et non matériel.

Par ce cordon, les deux âmes sont liées ; et cela, quels que soient leurs incarnations, le temps, l'espace et la distance, sachant que ces notions sont des notions « terrestres » dont nous avons besoin pour nous repérer.

Ceux qui arrivent à percevoir ce cordon subtil le voient généralement d'un or lumineux. Il se situe entre le chakra du plexus solaire et le chakra du cœur. Il peut être plus ou moins gros et épais selon la force de connexion entre les Flammes Jumelles et par leur avancement dans la relation.

Le cordon peut être plus ou moins lumineux selon les mémoires karmiques et les blessures vécues et expérimentées par chacune des âmes dans leurs relations.

Ce cordon est permanent, il existe depuis toujours et ne peut pas se couper. Vouloir rompre ce lien avec sa Flamme Jumelle serait comme vouloir rompre le lien à soi-même.

Certaines personnes ont essayé énergétiquement de « couper » le lien. D'une part, cela n'a pas été possible, et d'autre part, elles ont été mal les jours suivants.

Ce serait comme nier une évidence. Ce n'est pas parce qu'une personne ne veut pas voir, que cela n'existe pas. La personne, par son libre arbitre, peut nier la relation de Flammes Jumelles, la fuir. Elle peut se lancer à corps perdu dans de multiples relations pour oublier cette relation. Celle-ci est bien là. Le cordon également, et il le restera.

Les jeunes enfants, les premières années de leur vie, jusqu'à l'âge de 7 ans en général, ressentent encore ce lien intime et profond avec leur âme Jumelle. Puis, peu à peu, les enfants se coupent de leurs ressentis subtils et les oublient.

Cela ne veut pas dire que le cordon ne les relie plus. Le cordon est toujours bien présent. C'est seulement la perception des enfants qui a évolué pendant les premières années de leur vie.

J'ai moi-même le souvenir très présent et conscient de ce lien avec ma Flamme Jumelle quand j'étais enfant. Je ne savais pas ce qu'était une « Flamme Jumelle » à cette époque, mais je le ressentais et le voyais comme mon « jumeau masculin ». D'ailleurs, je l'appelais « mon autre moi ».

Je passais beaucoup de temps avec sa présence. Je le sentais près de moi. Je le sentais vibrer. Et très souvent, je lui parlais.

J'ai réussi à entretenir ce lien d'âme à âme durant plusieurs années, jusqu'à l'adolescence. Au fond de moi, même si c'était irrationnel, je savais qu'un jour je le retrouverais et qu'il était celui qui m'était destiné.

Toutes les âmes savent au plus profond d'elles-mêmes que leur jumeau d'âme existe quelque part.

Si je me base sur notre propre expérience et sur celles des personnes avec qui j'ai échangé et qui se sont reconnectées à leur Flamme Jumelle, les expériences amoureuses passées étaient comme un puzzle.

C'est comme si les partenaires passés avaient une partie de la Flamme Jumelle. C'est sûrement cette partie ressemblante qui créait cette résonance chez la personne. C'est comme si elle avait identifié, reconnu une partie de sa Flamme Jumelle. Cela étant, il manquait les autres parties pour que cela forme le tout.

Ce cordon permanent va se raviver et se renforcer à mesure des reconnexions entre les deux Flammes Jumelles.

La reconnexion subtile

Cette première reconnexion est subtile, car elle relève de l'énergétique. Elle se fait sur un plan spirituel et énergétique, pas au niveau physique.

La plupart du temps, elle est vécue de manière inconsciente. Généralement, les personnes ne s'en rendent pas compte.

Cela étant, certaines d'entre elles ont vécu plus consciemment cette première reconnexion subtile, dans le sens où elles ont ressenti quelque chose sans pour autant savoir exactement de quoi il s'agissait.

Voici quelques exemples rapportés par des témoignages d'autres couples de Flammes Jumelles.

Message par « rêve réel » : cette expérience de « rêve réel » est la plus courante que j'aie pu voir chez des personnes que j'ai accompagnées. Ce que j'appelle un « rêve réel » est un rêve très présent, limpide et palpable qui reste gravé comme un souvenir réel au réveil et bien après. Ce rêve peut aussi comporter un message, souvent comme une voix ou même un personnage qui fait une annonce. Ce type de rêve peut également intervenir dans le cadre d'autres situations de vie. Mais ici, il intervient en rapport avec sa Flamme Jumelle. Les personnes qui ont fait ce type de rêve réel ont reçu un message avec une annonce au sujet d'une rencontre très spéciale. La rencontre avec « l'âme qui leur est destinée ». Parfois même sont utilisés des termes plus précis comme « c'est lui/ou elle » ou « ton jumeau/ta Jumelle ». Je précise que très souvent les personnes concernées ne connaissaient pas la notion de « Flammes Jumelles » avant ce rêve.

Cette reconnexion spirituelle arrive plusieurs semaines ou plusieurs mois avant la reconnexion terrestre qui s'opère en réel avec leur Flamme Jumelle.

Reconnexion subtile provoquée : il arrive parfois que la reconnexion subtile ne se fasse pas d'elle-même, mais s'opère par une intervention consciente, voulue et provoquée par la personne. C'est le cas chez celles qui, par leur volonté et intention consciente, font une demande à l'univers (à Dieu, à la Vie, selon vos croyances). Dans le fond, leur demande est la même, mais peut être évoquée en des termes très différents, sans qu'elles aient pour autant connaissance de la notion de « Flammes Jumelles » ou même d'« âmes sœurs ».

Voici une liste d'exemples qui reviennent souvent dans la formulation des demandes :

- trouver l'Amour idéal, celui qui me correspond vraiment ;
- trouver l'âme sœur, l'Amour divin, la Flamme Jumelle ;
- trouver mon unicité, ma complétude intérieure ;
- réunir mon féminin/masculin sacré ;
- etc.

La reconnexion subtile peut alors s'opérer au niveau spirituel, énergétiquement parlant, que la Flamme Jumelle soit incarnée ou non.

Suite à cette première phase de reconnexion, il est possible que les Flammes Jumelles commencent à entrer dans le processus PURE™ des Flammes Jumelles, et que certains phénomènes comme les premiers signes des Flammes Jumelles se produisent.

Provoquer et vivre volontairement la reconnexion subtile est donc possible et peut aider au niveau des retrouvailles terrestres réelles.

Cela étant, cela requiert de la part de la personne qui demande un travail préparatoire pour que la demande à l'univers ne soit pas chargée du poids des illusions.

Comme je l'ai déjà expliqué, votre Flamme Jumelle est peut-être très loin de l'idéal que vous vous êtes construit dans votre imaginaire en fonction de vos besoins non satisfaits que vous souhaitez couvrir.

Si vous chargez votre demande en projetant ce que représente pour vous l'idéal, vous risquez d'attirer une personne, mais pas votre Flamme Jumelle. Ici, le terme « idéal » doit être totalement détaché de votre ego. Il doit être l'idéal pour votre âme.

C'est souvent pour ces raisons que les personnes demandent, obtiennent et s'aperçoivent que celle qui est venue à elles n'est finalement pas l'idéal au niveau de leur âme. Et, du coup, elles se lassent et abandonnent en se disant que l'Amour n'est pas pour elles.

Donc oui, il est possible de vivre consciemment cette étape de reconnexion subtile, mais cela demande un travail préparatoire profond.

Maintenant, ce n'est pas parce qu'une reconnexion subtile va se produire que la reconnexion terrestre va suivre. Comme je l'expliquais précédemment, il arrive que certaines âmes n'aient pas à se retrouver au cours de cette incarnation, si cela ne fait pas partie de leur Plan divin ou qu'elles ne sont pas encore prêtes.

C'est aussi pour cela qu'il ne faut pas prendre cette reconnexion subtile à la légère. Elle est lourde de conséquences, car elle touche notre être au plus profond, à son essence.

Le simple fait de vivre cette reconnexion subtile va vous apporter d'importantes transformations en vous et dans votre vie, sans garantir que vous retrouviez physiquement votre Flamme Jumelle. Vous devez le savoir. Et vous devez aussi vous souvenir que ce que vous faites ici, vous le faites avant tout pour vous-même afin d'évoluer.

En tant que couple de Flammes Jumelles, nous avons nous-mêmes vécu la reconnexion subtile par demande consciente. C'est Ludovic qui a provoqué la reconnexion, car il avait connaissance de l'existence des Flammes Jumelles.

Il a fait la demande consciente à la Vie (l'univers) de se reconnecter et de trouver sa Flamme Jumelle, tout en continuant son travail personnel intérieur de libération et de purification avec le reiki. Ce travail a été très lourd et impactant pour lui. Et chaque fois que l'ombre venait recouvrir la lumière qu'il entrevoyait, plutôt que de sombrer dans le découragement, il surenchérissait son travail, plus fortement encore.

Je le dis sans cesse et je le répète constamment : quand on décide de suivre un chemin qui mène à soi, c'est-à-dire que l'on souhaite renoncer aux illusions réconfortantes, aux croyances limitantes, il faut faire preuve de courage, de persévérance et de beaucoup de bienveillance et d'Amour vis-à-vis de soi-même.

La tentation d'abandonner devant le manque de résultats immédiats est si forte. La tentation d'abandonner devant les difficultés est si facile.

D'une part, tout cela est ici pour ébranler votre foi, votre motivation et voir si cette démarche est réellement profonde. Et d'autre part, une fois que vous aurez franchi un cap décisif et que vous regarderez en arrière le chemin parcouru, vous comprendrez comment chaque étape difficile dépassée était nécessaire pour vous mener à vous-même.

Dès lors que Ludovic était arrivé à un certain niveau sur son propre chemin intérieur et qu'il avait dépassé des étapes bloquantes en lui, tout s'est enchaîné dans une suite de synchronicités toutes aussi improbables les unes que les autres.

Il a continué sans relâche son action en lui-même et il est allé là où son âme le guidait, il a fait ce qu'elle lui indiquait. Et à partir du moment où il était prêt, deux mois après, nous avons vécu nos retrouvailles avec la reconnexion terrestre.

La reconnexion subtile et semi-terrestre

Il existe un autre type de reconnexion – plus rare – que j'ai toutefois déjà constaté à plusieurs reprises.

C'est la reconnexion spirituelle et semi-terrestre qui, elle, se fait au travers d'un élément physique/terrestre sans qu'un contact direct avec la personne soit nécessaire.

Cela peut se faire au travers d'une photo ou d'une vidéo. La personne n'est pas en face de vous, et pourtant, en la regardant, il se passe cette reconnexion subtile, si, effectivement, il s'agit de votre Flamme Jumelle.

Je dis « si, effectivement, il s'agit de votre Flamme Jumelle », car il faut faire très attention dans ce type de reconnexion aux illusions servies par l'ego. Et il se peut aussi que ce que vous voyez chez la personne en photo ou en vidéo ne soit qu'une partie d'elle qui ne serait qu'une partie du puzzle qui compose votre Flamme Jumelle, comme nous l'avons précédemment évoqué dans ce livre.

Je suis en contact depuis plusieurs années avec une femme qui avait vécu cette reconnexion spirituelle et semi-terrestre en regardant les informations à la TV. Elle a croisé le regard de sa Flamme Jumelle via l'écran de son téléviseur, et depuis ce jour, elle est entrée dans le processus des Flammes Jumelles.

Elle vit les signes et phénomènes que vivent les Flammes Jumelles, de manière subtile et très présente depuis cinq ans, sans l'avoir rencontrée physiquement.

Elle n'a jamais autant évolué personnellement et spirituellement que depuis cette « reconnexion ». Cependant, cela reste aussi très complexe à gérer au quotidien.

La reconnexion terrestre

La reconnexion terrestre est celle des retrouvailles réelles. C'est quand les deux âmes se croisent.

Cette reconnexion passe surtout par le regard et par la voix. Très vite, les âmes se reconnaissent, et une certaine fluidité s'installe entre les deux personnes, qui ne se connaissent pourtant pas.

Les témoignages de couples qui ont vécu cette reconnexion terrestre rapportent des indications plutôt similaires dans le fond.

Les Flammes Jumelles se sont rapidement senties à l'aise, sans artifice, ni mensonge ou illusions.

La plupart du temps, il n'y avait pas de jeu de séduction entre elles, consciemment et inconsciemment. C'était juste une évidence.

Les deux personnes qui se connaissaient à peine ont rapidement échangé sur des sujets très personnels et profonds. Le temps semblait comme suspendu, et elles n'étaient pas pressées que ce moment s'arrête.

Ensuite, le processus Flammes Jumelles s'enclenche, et les deux âmes vont commencer à vivre les phénomènes spécifiques aux Flammes Jumelles, qu'elles soient en contact ou non.

Les Flammes Jumelles qui vivent cette reconnexion terrestre disent toutes qu'il y a eu un avant et un après cette rencontre particulière. Elles vivent alors comme une renaissance, avec une poussée fulgurante de l'être.

Mais attention, encore une fois, cette reconnexion n'est pas sans conséquences. Une poussée de l'être ne signifie pas un coup de baguette magique qui permettrait de transmuter toutes les parties sombres en lumière, de supprimer toutes les peurs, de transmuter tous les schémas ancrés et limitants, toutes les couches d'illusions amassées depuis des années.

C'est pour cela que le bien-être profond, cette vague d'Amour et cette poussée de l'être générés par cette reconnexion sont les prémices d'un raz-de-marée à suivre. Mais cela vous aura permis de toucher du doigt et de ressentir cette connexion divine, l'espace d'un instant. Et cette sensation intérieure devra être le moteur de votre foi et le carburant de votre courage, de votre persévérance, pour retrouver cet état en permanence.

Pour Ludovic et moi, cette première rencontre où le temps semble ne plus exister a duré six heures. Elle s'est faite dans le cadre de nos projets professionnels et aurait pu durer plus longtemps si la soirée n'avait pas déjà été largement entamée.

Les clés de connexion

J'ai constaté que les Flammes Jumelles pouvaient renforcer leur lien – leur « cordon permanent » – et amplifier leur connexion. Ce qui veut dire que les phénomènes et ressentis peuvent évoluer aussi et devenir plus présents.

Voici ce que j'appelle « les clés de connexion », qui sont les étapes qui amplifient et renforcent le lien des Flammes Jumelles après une reconnexion.

1) La proximité et régularité des rencontres : plus le couple de Flammes Jumelles se retrouve et passe du temps ensemble, plus son énergie sera puissante. Les rencontres régulières vont permettre de renforcer la connexion.

2) Le toucher physique : les Flammes Jumelles ressentent le besoin de se frôler, de se toucher, de se tenir la main ou de s'enlacer. Cela n'a rien à voir avec une attirance sexuelle ou physique. Il y a une envie forte d'être en contact physique ; et plus elles sont en contact, plus cela amplifiera leur lien et leur énergie.

3) L'acte sacré sexuel : c'est une clé de connexion très importante. C'est une véritable fusion à la fois des corps et des âmes, tant au niveau physique que spirituel et énergétique. Les Flammes Jumelles vivent à nouveau la réUNion du couple sacré. Après l'acte sacré sexuel, leur lien est comme scellé, et ils redeviennent UN.

Les clés de connexion permettent aussi d'accélérer l'avancement de chaque Flamme Jumelle dans leur « processus de Flamme Jumelle ». Cela implique que tout peut paraître plus amplifié et rapide au niveau des ressentis des phénomènes, comme le fait de ressentir les états de l'autre.

Une douche énergétique d'Amour pur

Les Flammes Jumelles qui vivent une reconnexion reçoivent une énergie puissante d'Amour christique. Il ne s'agit pas ici de religion. L'énergie christique est une énergie d'Amour très puissante[1].

Cette énergie pure d'Amour descend du ciel et vient déposer quelque chose en chacune des Flammes Jumelles qui leur permettra d'élever leur être. Ce phénomène de douche peut être considéré comme une initiation.

Certains le vivent comme une « douche de Lumière et d'Amour ». Cela arrive au début, après la reconnexion, et les ressentis peuvent durer de plusieurs jours à plusieurs semaines.

Les sensations perçues sont très agréables. C'est un peu comme se sentir entouré et enveloppé par une énergie douce, chaude, aimante et chaleureuse. Certaines personnes qualifient ce phénomène de « cocon » ou de « bulle d'Amour ».

Quand on est dans cet état, c'est comme être touché par la grâce. C'est un sentiment assez magique, on se sent bien, en confiance, et dans l'Amour.

On peut aussi ressentir que tout devient possible. On déborde d'une énergie créatrice et joyeuse. On rayonne. Et les autres constatent et bénéficient également de cet état de grâce qui se dégage des Flammes Jumelles.

Une graine d'Amour semée

En vivant la reconnexion, c'est comme si une graine d'Amour était semée au plus profond de l'être des Flammes Jumelles.

1. Voir le site : www.christall-love-energy.world.

Cette graine va germer et grandir en elles et avec elles. Cet Amour sera toujours présent et aura une influence positive sur elles-mêmes et pour ce qu'elles accompliront dans leur vie.

Cette « initiation d'Amour » est un cadeau, qui permet à l'âme incarnée de vivre une évolution spirituelle profonde. Suite à cela, les âmes vont se sentir poussées à se libérer et à guérir, afin de retrouver leur pureté et leur lumière divine originelle.

Cet Amour pur est une clé pour retrouver leur « être cristallin » au plus près de leur essence divine.

Quand les Flammes Jumelles vivent leur reconnexion et qu'elles sont touchées par cet Amour absolu, elles ont la capacité naturelle d'être reliées à une énergie d'Amour pure de haute vibration : l'énergie ChristAll.

Un cheminement personnel spirituel se mettra alors en place pour elles, pour qu'elles puissent vivre une renaissance.

Leur évolution et leur éveil spirituel vont leur permettre d'être plus en contact avec leur âme et la Source divine. Leurs dons, qualités, sensibilités et intuitions vont rapidement s'éveiller et décupler leur puissance.

Les « mots d'ordre » de la guidance

Les Flammes Jumelles qui ont vécu la reconnexion sont bien entourées et guidées par des Êtres spirituels lumineux et par la Source divine (la Vie, Dieu, l'univers).

Toutes les Flammes Jumelles n'ont pas forcément conscience de leur aide et de leur présence à leurs côtés. Pourtant, leur guidance est bien là, s'exerçant sous différentes formes.

Même ceux qui ne ressentent pas consciemment cette guidance peuvent avoir des intuitions qui les poussent à apporter naturellement des changements dans leur vie.

Par exemple, il peut s'agir d'une envie importante de « faire le ménage » dans leur vie, ou encore, elles peuvent se sentir poussées à « déménager » plus ou moins loin, dans un lieu qui est plus en accord avec ce qui semble bon pour elles.

Certains messages ont pour but de nous orienter et de guider nos pas plus spécifiquement dans le processus des Flammes Jumelles. Ce sont, comme je les appelle, des « mots d'ordre ».

Ces mots d'ordre ne sont pas des ordres, mais une aide et des indications pour remettre de l'ordre en nous-mêmes et dans tous les aspects de notre vie.

Ces mots d'ordre sont souvent donnés sur une thématique à travailler : soi-même, le couple, les autres, des aspects de sa vie personnelle et professionnelle, ou tout autre domaine qu'il est nécessaire de faire évoluer.

Ils permettent de se rapprocher chaque jour plus près de son essence divine et de son alignement juste et parfait.

Phase 3 : le processus PURE™

Le processus PURE™ est le processus que chacun a l'opportunité de vivre après sa reconnexion avec sa Flamme Jumelle.

Ce processus PURE™ comprend quatre étapes.

1. **P**urification.
2. **U**nification.
3. **R**enaissance.
4. **E**mergence.

Étape 1 : Purification

À la suite de leur reconnexion, les Flammes Jumelles commencent à vivre chacune une mue qui apporte des transformations importantes et profondes.

Cette mue peut commencer dès la première reconnexion spirituelle. Mais c'est encore plus intense dès lors qu'a lieu la reconnexion terrestre.

Une phase de « purification » commence, en même temps qu'avance progressivement une phase de « renaissance ». Ces deux aspects composent la mue chez les Flammes Jumelles.

La mue se fait pour chacune d'elles, peu importe qu'elles soient en couple ou non.

Cette mue est comme celle du serpent qui se débarrasse de son ancienne peau, en même temps que l'on voit progressivement apparaître la nouvelle, qui vient du dessous, de l'intérieur pour se révéler au grand jour. C'est exactement ce qui s'opère dans le processus de transformation et de purification au niveau de chacune des Flammes Jumelles, au rythme propre de chacune.

La purification est une période assez longue de nettoyage profond et intense pour les deux âmes.

Les Flammes Jumelles vont épurer et se libérer de leurs illusions, de leurs blocages, de leurs croyances limitantes et de leurs mémoires karmiques.

Cette période est loin d'être agréable. Au contraire, elle est très difficile à vivre. Elle est fatigante, souvent décourageante.

Les Flammes Jumelles sont confrontées à leurs « vieux démons », qui ressortent avec le phénomène d'amplification de leurs parties sombres.

Cette phase est souvent vécue avec beaucoup d'intensité. C'est, comme je le disais déjà, un véritable raz-de-marée !

On se sent submergé par une vague d'émotions, de sensations, de sentiments, de réactions, parfois d'une grande violence en soi. On se sent déboussolé et en perte de tout repère. Tout est tellement bousculé et remis en cause, en soi et dans sa vie, pour laquelle on avait essayé de construire un équilibre.

Mais, aussi désagréable que cela puisse être, ce tourbillon dans lequel on se trouve permet de faire une sorte de *reset* pour repartir à zéro.

C'est dans cette folle danse que l'on parvient aussi à lâcher prise sur des croyances limitantes, des schémas nocifs répétitifs, des comportements extrêmes et des blessures profondes.

On perd le contrôle de ce que l'on avait construit pour maintenir un équilibre par rapport à toutes nos failles, nos peurs, nos faiblesses, et qui n'a plus lieu d'être à ce moment. C'est la période de changement de peau, où l'ancienne est quittée alors que la nouvelle se construit.

Comme j'ai eu l'occasion de l'évoquer déjà, c'est dans cette période de tourmente que vont se forger notre foi, notre courage et notre persévérance.

Tout cela fait partie du processus des Flammes Jumelles, et c'est nécessaire.

C'est dans la confrontation à soi-même au travers d'épreuves profondes et impactantes que l'on va chercher au plus profond de soi cette force nécessaire. C'est aussi un excellent moyen de reprendre son propre pouvoir, souvent laissé aux autres, et de libérer sa propre puissance.

Ces expériences, qui peuvent sembler désagréables, ne sont pas négatives en soi. Elles permettent de régler des conflits, des déséquilibres pour parfaire l'alignement nécessaire. Ces expériences sont comme des défis de la Vie.

En même temps que l'âme mue avec la purification, elle renaît progressivement. Et l'on peut voir – ou deviner – son être véritable se révéler, jour après jour.

Pour vivre au mieux la purification, il est préférable d'accompagner cette grande vague, plutôt que de vouloir lutter et nager contre elle. La vague est plus forte et plus grande que vous.

Mieux vous l'observez quand elle se présente dans votre vie, mieux vous apprendrez à surfer sur elle.

Parfois, sa vitesse et sa force vous entraînent dans des aspects de vous-même et de votre vie que vous ne connaissez pas, alors apprenez à vous faire confiance. Et accueillez ce qui vient à vous et ce qui vous est montré de vous.

Le but n'est pas de vous faire du mal, au contraire. Cette vague est un courant de la vie (un cadeau de la vie), qui permet à la fois de balayer et de nettoyer ce qui ne doit plus être, tout en vous propulsant vers « qui Vous Êtes ».

Vous pouvez accompagner la vague de purification avec des outils qui vous conviennent pour travailler en vous, comme la méditation, la sophrologie, ou encore le reiki, comme nous l'avons fait nous-mêmes et comme je le pratique avec les personnes que j'accompagne.

Avec Ludovic, très rapidement, nous avons été propulsés dans une phase de purification importante.

Nous savions que nous devions laisser faire ce nettoyage en nous et dans nos vies. Nous savions que cela faisait partie de notre renaissance, pour mieux réaliser ce que nous avions à faire.

Sachant que nous avons été en couple très rapidement après notre reconnexion, notre première année a été la plus difficile et la plus intense.

Nous sommes allés dans les abîmes de nos âmes, comme pour mourir afin de pouvoir renaître à nous-m'aime.

Par moments, c'était terrifiant et même violent. Mais si j'avais le choix de revenir en arrière, je ne changerais rien. C'était réellement nécessaire pour notre évolution.

La Vie nous a offert sur un plateau toutes sortes d'expériences pour nous permettre de nous dépasser, de nous libérer, de guérir et d'évoluer.

Il s'est passé tellement de choses en cinq ans, et à un rythme si soutenu que j'ai l'impression que tout cela s'est déroulé sur quinze années !

Nous avons toujours des « pics de purification », mais ce n'est pas comme la première année. Et aujourd'hui, ces pics sont comme des passages de sas qui nous permettent d'évoluer avec l'impression de franchir un nouveau palier ascendant à chaque fois.

Je peux dire que cette purification a transformé nos êtres et notre vie. Cela nous a permis de renforcer notre foi en l'Amour.

Ce cheminement purificatoire, et surtout ce qu'il a nécessité de nous pour avancer, a rendu sacrés notre vie, l'Amour et notre relation à ce monde et aux autres.

Nous avons aussi compris à nos dépens que pour mieux vivre la purification, il ne fallait pas chercher à aller contre la vague, mais au contraire l'accueillir et l'accompagner dans le sens du courant.

Mais il ne faut pas non plus prendre la vague et attendre qu'elle passe. Il s'agit, quand elle est là, de travailler et d'agir en soi selon ce que cette vague porte à la conscience.

Chaque fois qu'une peur, qu'une croyance limitante, qu'un frein, qu'une zone d'ombre était mise en lumière par cette vague, nous la traitions sans attendre. Dans notre cas, nous avons travaillé avec les outils et protocoles que propose le reiki pour traiter à la fois aux niveaux physique, émotionnel, mental et spirituel ce qui se présentait.

Nous savions que l'opportunité nous était donnée de travailler en profondeur et non de façon superficielle, ce qui aurait donné l'illusion de transformation, mais qui finalement n'aurait rien apporté de bon vis-à-vis du processus que nous vivions dans le cadre de notre reconnexion de Flammes Jumelles.

Et encore une fois, très souvent, l'ego se mêlait à l'exercice et tentait de nous faire croire que nous avions fait le nécessaire en nous. Il suffisait de nous éprouver pour s'apercevoir que nous n'avions pas été jusqu'au bout et que nous devions agir plus encore en profondeur par rapport à ce qui se présentait à nous, en nous.

Réveil des phénomènes hors-norme

Suite à la reconnexion, les Flammes Jumelles commencent très tôt à ressentir et à vivre des signes et phénomènes hors-norme.

Il en existe plusieurs, dont certains sont vraiment spécifiques à cette relation particulière. Mais d'autres sont plus fréquents et plus basiques, car nous pouvons les vivre dans d'autres relations ou d'autres circonstances.

Ces signes et phénomènes touchent tous les couples de Flammes Jumelles.

Il s'agit d'expériences que certains qualifient de « paranormales », « subtiles », « mystiques », ou autres. Chacun donnera l'adjectif qu'il souhaitera.

Il s'agit pour la plupart d'états modifiés de conscience, que l'on nomme aussi « EMC ».

Ces expériences plutôt hors-norme sont presque toutes vécues dans la relation de Flammes Jumelles ; elles sont vécues aussi bien par des personnes déjà sensibles aux énergies et ouvertes d'esprit à ces phénomènes que par des personnes qui sont plus cartésiennes et parfois même totalement sceptiques.

Bien entendu, si les phénomènes sont les mêmes, les ressentis seront vécus avec des nuances, selon la sensibilité et l'état de conscience de chaque individu.

Je vais évoquer ici un premier phénomène. Les autres le seront dans le prochain chapitre.

Amplification des parties lumineuses et sombres

Le phénomène d'amplification de la partie lumineuse et de la partie sombre de chacun relève des phénomènes spécifiques, récurrents et pertinents chez les Flammes Jumelles.

Cette amplification commence très rapidement, dès le début, à se manifester chez chacune d'elles.

L'amplification de la partie lumineuse est celle qui se fait ressentir le plus souvent dès le début de la reconnexion. Les deux âmes ressentent une attraction et une aisance évidente dans la relation, même si elles ne se connaissent pas.

Très rapidement, un sentiment fort de confiance et aussi d'Amour inconditionnel les envahit. C'est comme si tout devenait limpide et possible.

Les deux êtres se sentent « au foyer » ; un grand bien-être les submerge.

Elles vivent chacune un réveil et une amplification de leurs dons, de leurs qualités respectives, ainsi qu'une meilleure connexion avec leur vrai soi et la Source divine.

Elles se sentent plus sensibles, plus intuitives. Elles peuvent aussi vivre une « levée de voile des illusions » qui les amène à des prises de conscience profondes.

Tout a l'air merveilleux, avec cette sensation de quiétude, de bonheur et d'Amour absolu. Ce serait merveilleux si, comme je le disais, d'un coup de baguette magique et sans aucune action de chacun, tout restait ainsi et que seule cette partie lumineuse s'établissait durablement en balayant tout le reste.

Malheureusement, et surtout heureusement, en parallèle de cette amplification de la partie lumineuse se réveille aussi un aspect très désagréable et très perturbateur. À son tour, la partie sombre émerge et s'amplifie.

Lors de l'amplification de la partie sombre, nos zones d'ombre ressortent et se manifestent. Il peut s'agir aussi bien des peurs, des croyances limitantes, des blessures passées, des traumatismes, des mémoires karmiques. Ce peut être également des comportements tels que la jalousie, la colère, la violence…

Cette amplification de la partie sombre va faire ressortir tout ce que nous avions bien enfoui de façon consciente et inconsciente et que nous avions drapé de blanc pour en faire quelque chose d'acceptable pour nous et pour les autres, ou que nous avions refusé de voir et d'accepter.

Cette partie sombre va nous livrer tout ce qui n'est qu'illusions, mensonges, tout ce qui n'est pas juste et équilibré en nous.

Quand cette phase d'amplification lumineuse et sombre arrive, les couples de Flammes Jumelles se sentent généralement très tiraillés, entre une grande évidence-attraction et une répulsion-fuite viscérale, l'une envers l'autre.

Si tout le monde est prêt à signer pour l'amplification de la partie lumineuse, il est plus rare de se réjouir à signer pour l'amplification des parties sombres.

Alors, la balance du changement se met en place. D'un côté, un bonheur que l'on découvre et que l'on goûte, mais dont on ne connaît pas la durée effective. Et de l'autre côté, un raz-de-marée de douleurs, de peurs, de souffrances, de hontes, qui risque de nous submerger si l'on continue. Le poids tend à pencher vers la zone d'ombre bien plus lourde.

À ce calcul, vous ajoutez l'ego qui vous explique que votre vie n'était pas si mal avant et que vous faisiez une belle équipe tous les deux, vous et votre ego.

Ce qui se passe à ce moment, c'est la fuite, le renoncement, le libre arbitre qui s'opère.

Pour autant, souvenez-vous de ce que j'ai expliqué. Vous pourrez fuir, nier l'évidence, le cordon permanent vous relie.

Comprenez mes paroles quand je répète que le cheminement dans ce processus renforce votre foi, votre courage et votre persévérance.

Les parties lumineuses s'attirent avec évidence, mais les parties sombres se repoussent !

Ce phénomène d'amplification perdure. C'est un phénomène auquel les Flammes Jumelles doivent apprendre à s'habituer après la reconnexion, qu'elles soient en relation de couple amoureux ou non.

Mais le phénomène peut se trouver amplifié encore davantage, si vous vous fréquentez régulièrement et que vous vivez l'Amour du couple. Voilà, entre autres, ce qui explique pourquoi une telle relation est complexe à vivre.

Il est nécessaire d'apprendre d'abord à gérer soi-même ces phénomènes. Puis viendra le temps de faire face ensemble à cette amplification, car sinon, cela peut devenir rapidement très difficile à appréhender, d'autant que chacun vient éclairer la partie sombre de l'autre.

Si un travail personnel n'a pas déjà été effectué par chacun, cela peut apporter de forts conflits au sein du couple, qui seraient très difficiles à gérer tant la puissance qui lie les Flammes Jumelles est forte.

Pour trouver l'équilibre et la sérénité dans la relation, il est nécessaire d'apprendre à mieux maîtriser sa partie sombre : ses peurs, son ego, ses blessures, etc.

Il convient d'avancer en se servant du phénomène d'amplification comme outil.

Les personnes qui vivent cette amplification trouvent que c'est généralement bien désagréable et déstabilisant.

Mais on peut trouver un point positif dans ce phénomène, qui va nous aider justement à accompagner le processus pour avancer dans notre purification-renaissance afin d'évoluer, de s'ajuster et de s'aligner.

Je vous invite à commencer par accepter que ce soit un cadeau qui vous aide à voir et à sentir ce qui a besoin d'être éclairé par l'Amour en vous.

Votre partie sombre représente ce qui manque de lumière en vous, ce qui est caché, les parties de vous, blessées, profondes, en manque d'Amour. Alors, ce que vous pouvez vivre avec le phénomène d'amplification vous permet d'accéder aux différents aspects concrets de vos zones d'ombre.

Positionnez-vous comme spectateur et regardez.

Qu'est-ce qui remonte ? Qu'est-ce qui me fait mal ? Qu'est-ce qui me perturbe ? Qu'est-ce qui me met dans une situation d'insécurité ?

Accueillez et acceptez en toute conscience et avec plein d'Amour ces zones d'ombre qui remontent à votre surface. Et profitez-en pour les traiter ensuite avec vos outils au choix, le reiki ou autres, de manière à les transmuter.

Comportement de fuite, éloignement ou rupture

Dans un couple de Flammes Jumelles, selon la situation et les individus, une phase d'éloignement, et même de rupture, peut se produire. Cette période de « séparation » est plus ou moins longue et peut aussi se répéter à plusieurs reprises.

Il est fréquent qu'une relation de Flammes Jumelles subisse un effet yoyo, car il est complexe de trouver l'équilibre et la stabilité.

Parfois, ce comportement de fuite intervient dès le début de la relation, très rapidement. L'une des deux – voire les deux – Flammes Jumelles se sent terrorisée, avec tellement d'intensité, sans pouvoir l'expliquer. Il peut s'opérer un phénomène de blocage, et le déni s'installe. Ce qu'elles ressentent, entrevoient, fait peur. Et comme cela est tout à fait nouveau, les mécanismes de défense intérieurs se trouvent comme devant une menace inconnue où la réaction la plus sécurisante est le déni ou la fuite du danger.

Le plus souvent, cela arrive quand le phénomène d'amplification de la partie sombre commence à se manifester.

les Flammes Jumelles se sentent tiraillées entre l'évidence presque magique de la relation et tout ce qui remonte de tellement sombre et douloureux, aussi bien en elles-mêmes que dans ce que l'autre manifeste de son côté sombre.

Soit elles prennent peur simplement et fuient, soit elles essayent de vivre la relation, mais n'arrivent pas à trouver l'équilibre dans la tempête.

Cela peut aussi intervenir un peu plus tard, durant la phase de purification plus avancée. Les zones d'ombre remontent par moments avec tellement d'intensité, et même de violence, que les deux âmes en sont profondément affectées.

Quand l'éloignement ou la séparation surviennent, c'est souvent difficile à gérer pour les Flammes Jumelles, car elles ressentent et vivent ce lien très intensément, même sans se voir.

Elles sont connectées en permanence, et selon la sensibilité subtile de chacune, cela est plus ou moins évident à gérer.

Cela étant, une phase d'éloignement ou de rupture n'est pas négative, même si elle est désagréable.

C'est une opportunité de se retrouver soi-même, d'avancer à son rythme et de travailler en soi.

Cette phase d'éloignement peut (doit) favoriser le cheminement personnel et spirituel de chacune des personnes, pour mieux se préparer aux prochaines retrouvailles et trouver davantage l'équilibre et l'harmonie dans la relation.

Si vous vivez une phase d'éloignement ou de rupture, ne vous inquiétez pas, cela ne veut pas dire que c'est définitif, car même quand les situations sont complexes et intenses, les Flammes Jumelles sont amenées à se croiser à nouveau.

Cela étant, si vous n'avancez pas de votre côté en poursuivant votre action pour aller chercher au plus profond vos zones d'ombre et les transmuter en lumière et en Amour, il y a de grandes chances pour qu'il se produise les mêmes difficultés lors d'une prochaine rencontre avec votre Flamme Jumelle.

D'autre part, je le répète ici, le rythme n'est pas toujours le même pour les deux âmes, il est propre à chacun. Parfois, du temps est nécessaire pour laisser l'opportunité à chacune d'avancer et d'évoluer sur son propre chemin.

Peu importe le temps qui passe et la distance, le « cordon permanent » entre les Flammes Jumelles existe toujours.

La meilleure manière de retrouver sa Flamme Jumelle est de se retrouver soi-m'aime.

Effectivement, ne cherchez pas à aimer l'autre si vous ne savez pas vous-m'aime vous aimer. L'Amour profond prend racine en soi, pas chez l'autre.

Très souvent, les personnes ont besoin d'être aimées parce qu'elles ne savent pas s'aimer elles-mêmes. Alors, elles vont chercher chez l'autre ce qui devrait les animer au plus profond d'elles-mêmes.

L'accueil, l'acceptation et la transmutation de votre partie sombre sont aussi une opportunité et une invitation à aller chercher cet Amour en vous, pas l'Amour pour l'autre, pas l'Amour de l'autre, votre propre Amour que vous vous portez à vous-m'aime.

Si vous réfléchissez, cela est évident. Une des missions des Flammes Jumelles est de créer à partir et dans l'énergie de l'Amour divin. Alors, si vous ne souhaitez pas créer dans l'illusion de l'Amour, alors il est nécessaire d'aller chercher au plus profond de soi cet Amour divin, de s'y reconnecter et de le faire émerger pour qu'il puisse rayonner de toute sa puissance et éclairer votre vie, vos réalisations et vos relations.

En travaillant sur votre partie sombre, des sentiments de honte, de peur, de crainte, d'insécurité, des remords, des regrets vont ressurgir. Il ne faudra alors pas vous punir vous-même, vous en vouloir à vous-même. Au contraire, il faudra vous accueillir vous-même, pleinement, avec bienveillance. Il faudra que vous vous PARDONNIEZ et que vous vous AIMIEZ.

Ces étapes sont indispensables, car elles vous aideront à vous reconnecter à vous-même et à vous réconcilier avec vous-même.

Étape 2 : Unification

La phase de purification est primordiale et doit être abordée par les Flammes Jumelles avec une réelle volonté et un engagement fort.

Il ne s'agit pas de se contenter de quelques transformations en soi et de ne traiter que quelques zones d'ombre parmi les plus faciles à accepter et à transformer. Il s'agit véritablement d'aller au plus profond de son être et de traiter tout ce qui se présente à soi.

De ce travail profond bien accompli dépend votre unification.

Comme je l'ai expliqué, la phase de purification doit permettre de s'approcher de l'essence divine de son être. J'ai insisté sur l'importance de la bienveillance, du pardon et de l'Amour, qui doivent sans cesse accompagner le travail et les actions entrepris en vous.

Plus les voiles tomberont, plus les illusions s'envoleront, plus vous cheminerez vers votre authenticité, plus vous vous rapprocherez de l'authenticité de votre cœur. Et plus vous vous rapprocherez de votre cœur, plus vous sentirez cet Amour divin qui est en son sein.

À un moment du processus, vous serez amené à ressentir en vous une impression forte, puissante de ne faire qu'un, Un avec vous-même, Un avec votre être, Un avec cet Amour divin. Il s'agit ici de l'unification avec sa source pour être plein et entier, manifesté.

Ce moment ne pourra être que passager, mais il vous fera percevoir et ressentir ce qu'est cette unification avec votre être et avec l'Amour divin. C'est réellement un instant hors du commun où nous percevons notre vraie nature et où nous sentons et vivons que nous ne faisons plus qu'Un avec cet Amour divin.

La plupart des personnes à qui je raconte et décris cela n'ont alors qu'une envie : celle de vivre la même chose. Du coup, leur objectif devient celui-ci au point de le mentaliser tellement fort qu'il les éloigne du processus.

Ne cherchez pas à obtenir cet état d'unification. Dans un premier temps, il ne se produira pas parce que vous l'avez décidé, mais parce que votre travail de purification authentique et profond aura permis d'atteindre cet état.

Et n'oubliez pas que le découragement est votre pire ennemi dans une quête de purification. À vous de lui donner le pouvoir que vous voulez lui donner.

J'ai écrit que « dans un premier temps, cet état ne se produira pas parce que vous l'avez décidé », c'est vrai. En revanche, parce que vous l'aurez vécu et ressenti en vous, une ou plusieurs fois, il laissera une empreinte. Ensuite, le travail consistera à réunir les conditions nécessaires en vous pour revenir à cet état le plus souvent possible et le plus longtemps possible, au-delà du bien-être extrême que cet état procure. Il est aussi une puissante source de création et de manifestation sur Terre.

À cette unification personnelle vient s'ajouter l'unification avec l'autre Flamme Jumelle, avec cette sensation de ne former qu'Un, plein et entier. Si chacun a la nécessité d'être plein et entier, l'unification des Flammes Jumelles permet la cocréation et la comanifestation dans cette énergie d'Amour divin.

Étape 3 : Renaissance

La phase de purification a permis à la Flamme Jumelle de lever les voiles, les illusions, de traiter les peurs, de guérir les blessures, de sortir petit à petit de l'obscurité en la remplaçant par la lumière.

Quand l'unification s'opère, c'est alors un accès à sa source et à son être profond et authentique. C'est aussi l'accès à cet Amour divin par lequel tout existe, tout se crée, tout est.

Quand l'unification s'opère au niveau d'une Flamme Jumelle, c'est comme si la personne renaissait à la Lumière.

Même si elle est toujours adulte, même si elle est toujours au milieu du même environnement, elle n'est plus telle qu'elle était avant. Son appréhension et sa vision du monde qui l'entoure, et sa compréhension de la vie qui est tout autour d'elle changent.

En renaissant ainsi à la Lumière et à l'Amour, la Flamme Jumelle prend conscience qu'elle fait partie du Tout et que par elle se manifeste l'Amour divin que ce soit au travers de ses pensées, de ses paroles ou de ses actes.

Étape 4 : Émergence

Cette renaissance à la Lumière et à l'Amour offre un sentiment de grande liberté et de détachement par rapport à ce qui peut exister autour de nous et qui ne vibre pas dans ces énergies.

Le détachement ne signifie pas que nous n'en tenons pas compte. Cela signifie qu'il y a un lâcher-prise qui permet d'aborder les événements, les contextes, les personnes sans subir l'émotionnel qui peut y être attaché surtout quand celui-ci est négatif.

Quand vous renaissez à la Lumière et à l'Amour, certains comportements n'ont plus lieu d'être, comme les conflits, la manipulation ou encore le pouvoir sur quelqu'un.

En renaissant à la Lumière et à l'Amour, les Flammes Jumelles font émerger sur Terre une nouvelle conscience où l'Amour divin est l'inspiration, la source et le moteur de la manifestation.

Phase 4 : contribution aux transformations

L'émergence de cette nouvelle conscience qui s'offre aux Flammes Jumelles est là pour leur permettre de manifester celle-ci sur Terre au travers de ce qu'elles manifesteront chacune et ce qu'elles comanifesteront et cocréeront au niveau du couple sacré et bien au-delà avec leurs Flammes sœurs.

Mission individuelle d'une Flamme Jumelle

Trop souvent, une Flamme Jumelle bloque le processus PURE™ parce qu'elle ne vit pas avec sa Flamme Jumelle ou parce que leur relation n'évoluera pas dans le sens amoureux qu'elle souhaite.

Quand une Flamme Jumelle raisonne ainsi, c'est qu'elle n'a pas pris en compte l'importance de sa mission. Si la reconnexion avec sa

Flamme Jumelle est rendue possible, ce n'est pas pour leur propre bonheur.

Cette reconnexion est rendue possible pour permettre à la Flamme Jumelle d'accomplir une mission sur Terre qui dépasse sa propre personne. Cette mission, si elle n'en a pas conscience, son âme la connaît et n'aspire qu'à une chose : l'accomplir ici et maintenant sur Terre. Et pour cela, elle ne doit pas être obligatoirement avec sa Flamme Jumelle.

Lorsque la Flamme Jumelle est passée par les quatre phases du processus PURE™, et qu'une nouvelle conscience d'Amour émerge en elle, il relève de sa mission de faire en sorte que cette nouvelle conscience puisse transcender ses pensées, ses paroles, ses actions, ses projets, sa vie et sa personne.

Généralement, on perçoit en face d'une Flamme Jumelle quelque chose de différent que l'on n'arrive pas forcément à qualifier, comme une énergie d'Amour et une bienveillance qui s'en dégagent.

Aujourd'hui, dans l'expression et la manifestation de mes activités, que ce soit à titre personnel ou professionnel, je m'engage à mettre cette conscience au cœur de ce que je peux entreprendre pour moi-même, pour ma famille, et surtout pour les autres.

J'écris « surtout pour les autres », car notre mission consiste à répandre ce niveau de conscience, cette nouvelle dimension de l'Amour autour de nous pour que le plus grand nombre de personnes puissent en bénéficier au niveau de leur personne, de leur vie et au niveau des œuvres qu'ils entreprendront.

Lorsque nous avons créé RenaiSens™, nous avions été fortement guidés. Il s'agissait de voir grand, dans le sens où tout ce qui serait créé au sein de RenaiSens™ devait être accessible au plus grand nombre. Il m'avait aussi été demandé que ce que j'allais créer à l'intérieur puisse émerger de moi-même, de mon cœur et de cette conscience.

Cela ne m'a pas été possible dès le départ, car si ma guidance m'avait montré les plans et le dessein de RenaiSens™, je n'avais pas pour ma part accompli tout le processus. Et cette conscience émergente de l'Amour divin, si je pouvais en percevoir l'existence, je n'avais pas assez avancé encore pour en imprégner toutes mes actions.

Cela étant, à chaque fois, j'apportais au sein de RenaiSens™ mon évolution, pour permettre à ceux qui me suivent de continuer à avancer.

Et aujourd'hui, bien que nous soyons un couple de Flammes Jumelles et que nous vivions ensemble, j'assume pleinement ma place et ma mission en tant que Flamme Jumelle.

Tout comme Ludovic, qui de son côté aussi, sert sa mission qui est différente de la mienne. Si ma mission consiste plus à accompagner les personnes, Ludovic a été préparé de par sa vie, sa carrière et ses expériences à accompagner des systèmes, des organisations et des entreprises.

Comme moi, il applique dans son œuvre cette nouvelle conscience d'Amour, cette nouvelle dimension de l'Amour qui vient directement transformer ce qui existe aujourd'hui et qui veut encore s'imposer.

Dans le cadre de DoSens™, Ludovic accompagne les entrepreneurs, souvent individuels, comme les thérapeutes, les coaches, les solopreneurs qui veulent trouver dans leur activité l'expression de l'épanouissement de leur être et participer ainsi à l'épanouissement de leurs clients.

Au travers de ces accompagnements, cette nouvelle conscience d'Amour vient bouleverser les méthodes ordinairement enseignées et appliquées. Dans son approche, l'Amour divin est au cœur de la stratégie, du marketing, de la relation client et de l'organisation des activités mêmes et de l'entreprise.

Cela ne signifie pas qu'il faille tout peindre en rose et faire croire que l'Amour anime les activités. La mise en place d'un tel modèle doit émerger d'un travail profond et authentique au niveau de l'entrepreneur pour que tout soit bien aligné et que cela puisse réellement résonner à un niveau vibratoire qui viendra toucher non pas la personne du client, mais l'âme du client.

Mission commune des Flammes Jumelles

Chacun de nous travaille à accomplir et à servir sa propre mission pour faire émerger des transformations qui permettront de manifester l'Amour divin au travers des différents aspects de la vie.

Cela étant, ce que nous servons directement chacun, nous l'avons construit et nous continuons à le construire ensemble, puisque ce qui peut sembler différent en apparence par rapport à nos champs d'intervention forme en réalité un tout.

Dans la cocréation de ces projets, il y a une notion forte qui est celle de « servir ». Ces projets dépassent la simple sphère du couple et des Flammes Jumelles en général. Cette énergie de cocréation impulsée par l'Amour divin est là pour servir un dessein bien plus grand, profitable à son échelle à l'ensemble de l'humanité.

Cette cocréation peut se faire main dans la main, comme nous le faisons, Ludovic et moi, en créant de façon concrète. Mais cela n'est pas forcément le cas, et cela n'est pas toujours nécessaire. Cette cocréation peut s'opérer sur des plans plus subtils, même si les Flammes Jumelles n'œuvrent pas obligatoirement ensemble directement sur le plan terrestre.

Dès lors que la reconnexion a eu lieu, cette énergie de cocréation et ce lien existent entre les Flammes Jumelles. Ils ne demandent qu'à se manifester et à se développer.

Cette mission commune dépasse la notion de mission entre deux Flammes Jumelles qui se sont reconnectées. Elle touche l'ensemble des Flammes Jumelles. Il ne s'agit pas de cocréer simplement individuellement et au sein du couple sacré. Il s'agit aussi de prendre conscience de notre place dans le tout, au milieu des Flammes sœurs.

Je vais vous donner un exemple. Nous étions bloqués sur une étape d'un projet. Et même en essayant de multiples solutions, rien ne semblait vouloir bouger. La première chose que nous avons vérifiée fut de nous assurer que nous étions bien alignés avec ce que nous mettions en œuvre et si cela était juste. Tout semblait bon, mais rien n'avançait, pourtant.

À cette même période, j'accompagnais une personne qui s'était reconnectée à sa Flamme Jumelle. Sa situation était également bloquée. En travaillant avec elle, celle-ci s'est débloquée. Et du même coup, notre projet aussi.

Pure coïncidence ?

Comme je vous le disais, nous faisons en sorte de travailler en permanence en conscience. Dans ce cas, nous avions pu relier les deux faits. Par la suite, dès que nous avions un blocage qui ne semblait pas venir de nous, j'observais parmi les Flammes Jumelles que je suis en accompagnement ou avec qui je suis en contact ce qui pouvait également se passer.

C'est comme cela que nous nous sommes aperçus que les Flammes Jumelles étaient liées entre elles dans la cocréation, même si effectivement elles ne travaillaient pas ensemble de façon concrète sur des projets définis.

Pour cela, que vous soyez avec votre Flamme Jumelle ou non, vous êtes dans un processus de cocréation dès lors où la reconnexion a eu lieu.

Le plus important, c'est que la reconnexion permet par le processus PURE™ des Flammes Jumelles, de renaître à soi-m'aime, de devenir « qui Je Suis », de passer de la chrysalide au papillon, qui petit à petit va prendre son envol.

Renaître à soi permet de se reconnecter à son Essence et à la Source divine, ce qui aide et pousse davantage dans sa propre mission de vie. Et cela est possible, avec ou sans relation concrète avec sa Flamme Jumelle.

Certaines personnes se souviennent de leur partie lumineuse grâce à ce qu'elles ont vécu suite à cette reconnexion, comme leur sensibilité, leurs qualités, leurs dons, leur sens artistique, leur confiance, leur puissance et leur pouvoir. Elles ont aussi trouvé l'inspiration, l'énergie et le courage d'exprimer au grand jour toute cette richesse, ce qui assurément n'aurait pas été le cas sans cette reconnexion.

Je vais vous donner un exemple de cocréation qui ne s'est pas faite concrètement à deux, main dans la main, mais qui a été permise par la reconnexion des deux Flammes Jumelles.

Il s'agissait d'un couple de Flammes Jumelles. La différence d'âge très importante entre cet homme âgé et cette jeune étudiante ne permettait pas d'envisager entre eux une vie en couple. Cela étant, ils ont apprécié d'échanger et de passer du temps ensemble dans une énergie d'Amour divin. Malgré le fait que leurs chemins de vie se soient éloignés, leurs discussions et leurs histoires ont permis de créer un livre. Le monsieur s'est senti inspiré et comme appelé à écrire sur le sujet de la violence faite aux femmes, qui avait touché la famille de la jeune femme. C'est bien la fusion de leurs deux énergies, de cette rencontre, qui a permis cela et donné naissance à ce projet dans l'Amour, même si le sujet est ici « la violence », qui servira à d'autres.

Par rapport à l'émergence de cette conscience de cette nouvelle dimension de l'Amour, l'avenir reste à se construire autour et par cet Amour divin. Et les Flammes Jumelles indépendamment, en couple et ensemble, sont les artisans de cette coconstruction pour faire émerger un monde qui soit en résonance avec cet Amour divin.

« L'énergie de l'ensemble est supérieure à la somme des énergies de chaque partie. »

Mission vis-à-vis des enfants

Donner la vie à un enfant, l'accompagner à naître au monde, peut aussi faire partie de la notion de « mission » chez les Flammes Jumelles. Mais je pense que ce n'est pas la mission la plus répandue pour le moment, compte tenu du fait que toutes les Flammes Jumelles ne vivent déjà pas forcément l'Amour en tant que couple.

Nous concernant, Ludovic et moi, c'est une mission que nous vivons, puisque nous avons donné ensemble la vie à deux fils.

Il est évident que notre appréhension de l'éducation est bien différente de celle que nous avions pu recevoir, car nous l'exerçons dans le cadre de l'Amour par le plein, cet Amour qui déjà au niveau de notre foyer est omniprésent.

Ensuite, avec ce que nous savons, nous considérons nos enfants comme des êtres à part entière qui sont là pour accomplir leur propre mission et non pas celle que nous pourrions projeter sur eux. Nous essayons le mieux possible de préserver leur liberté d'être, même si cela peut sembler étrange aux personnes extérieures qui pourraient envisager cela comme du laxisme de notre part. Cela n'en est pas.

Nous évoluons en conscience avec nos enfants. Nous sommes là pour servir leur développement et leur apporter ce dont ils ont besoin pour grandir selon qui ils sont chacun.

J'évoque ce lien avec les enfants dans d'autres ouvrages déjà parus, ou à paraître.

Résumé du processus des Flammes Jumelles

Rappel du processus des Flammes Jumelles

Voici le résumé du processus des Flammes Jumelles, tel que nous l'avons observé au travers de notre propre vécu, de notre expérience, des partages avec d'autres couples de Flammes Jumelles et des informations que je pouvais recevoir de ma guidance.

Phase 1 : la préparation et les retrouvailles

Phase 2 : la reconnexion

Phase 3 : le processus PURE™

- Purification
- Unification
- Renaissance
- Emergence

Phase 4 : la contribution aux transformations

Une évolution en spirale dans le processus

Le processus que vivent les Flammes Jumelles après leur reconnexion n'est pas un processus linéaire.

Très souvent, quand on a l'impression d'avoir franchi une étape, on se retrouve soudainement projeté en arrière, avec cette impression que finalement, on n'avance pas.

Très souvent, les personnes que j'accompagne ou qui partagent avec moi sur leur histoire et leur cheminement décrivent ce mouvement d'un pas en avant suivi d'un pas en arrière et parfois même de deux pas en arrière.

Ce processus est tout à fait naturel. Ces mouvements sont comme des vagues d'énergie qui permettent d'aller encore plus profond en soi. Ce que vous avez traité en faisant un pas en avant nécessite peut-être – sûrement, si cela se produit – deux pas en arrière pour aller encore plus loin dans la zone d'ombre.

Ce que vous devez retenir, c'est que le processus peut sembler circulaire, donner l'impression de tourner en rond et que rien n'avance.

En réalité, à cette dimension du plan, il faut ajouter la dimension verticale qui est celle de l'ascension qui caractérise le cheminement des Flammes Jumelles. Le chemin du processus est celui d'une spirale ascendante, car lorsque vous avez l'impression de descendre, vous transmutez une zone d'ombre qui vous permettra d'ascensionner sur le parcours.

Vous pourrez aussi observer, au fur et à mesure que vous avancerez, que la largeur des cercles se réduit, vous rapprochant ainsi du centre et donc de l'équilibre et de l'axe de votre être.

Flammes Jumelles : signes et phénomènes

Les couples de Flammes Jumelles qui ont fait une reconnexion vont sentir des signes et des phénomènes « hors-norme ». Certains les appellent phénomènes « mystiques » ou encore « paranormaux » et « subtils ».

Il s'agit d'états modifiés de conscience (EMC), bien souvent non ordinaires, et d'événements énergétiques. Si vous souhaitez en savoir plus sur ce sujet, il existe une fondation en Suisse, consacrée aux études sur la conscience, qui s'intéresse aux EMC. Il s'agit de l'ISSNOE (Institut suisse des sciences noétiques[1]).

Ces phénomènes sont vécus généralement par tous les couples de Flammes Jumelles reconnectés confondus. Bien entendu, il y a des nuances dans la manière de vivre et de ressentir ces phénomènes, selon sa propre sensibilité, sa conscience, sa situation personnelle, etc.

Cependant, il est important de préciser que toutes les personnes ressentent, en grande partie, ces phénomènes ; qu'il s'agisse aussi bien d'individus sensibles, ouverts et intuitifs au subtil, à l'énergie et à la spiritualité, que des individus plus sceptiques, voire totalement hermétiques.

J'ai organisé les signes et phénomènes en trois classes pour vous aider à discerner plus facilement leur pertinence, afin de savoir si vous êtes dans une relation de Flammes Jumelles ou non.

---

1. Voir le site : www.issnoe.ch.

Les phénomènes « spécifiques » sont assez hors-norme. Ils sont les plus pertinents que l'on retrouve généralement chez les couples de Flammes Jumelles. Ce qui veut dire que si vous vous retrouvez à vivre ces phénomènes-là dans votre relation, il y a de fortes chances pour qu'il s'agisse bien d'un lien de Flammes Jumelles.

Les phénomènes « fréquents » sont des phénomènes plutôt hors-norme, très fréquemment vécus dans la relation de Flammes Jumelles. Mais ils peuvent aussi être vécus en dehors d'une relation de Flammes Jumelles ou dans le cadre d'une tout autre relation. Par exemple, au travers de la pratique d'une discipline comme le yoga, la méditation, l'énergétique…

Les phénomènes « basiques » sont des phénomènes plus banals, que l'on vit bien sûr dans une relation de Flammes Jumelles, mais aussi avec d'autres types de liens d'âmes ou même au quotidien selon sa sensibilité. Si vous n'avez que ces phénomènes basiques et pas d'autres types (phénomènes spécifiques ou fréquents), vous ne vivez certainement pas une relation de Flammes Jumelles, mais peut-être une autre relation de lien d'âmes.

Les phénomènes spécifiques

Dans cette partie, nous allons voir certains phénomènes spécifiques concernant les Flammes Jumelles suite à leur reconnexion.

Amplification de la partie lumineuse et de la partie sombre

J'ai déjà eu l'occasion d'aborder cette partie dans ce livre. Il est clair que ce phénomène est vraiment important dans le processus des Flammes Jumelles. Il est à la fois un phénomène et une nécessité dans le cheminement.

Pour ma part, j'ai commencé à vivre cette amplification très rapidement après ma première rencontre avec Ludovic.

Le jour même, j'ai été portée par l'amplification de ma partie lumineuse qui était complètement éveillée et connectée. Je me suis sentie extrêmement bien. Le temps était comme suspendu. Je me sentais enveloppée d'une énergie douce, bienveillante et vibrante. J'étais comme dans un cocon d'Amour. Tout me semblait clair et empreint d'une lumière qui me donnait une sensation de sécurité.

Quand on se retrouve porté par sa partie lumineuse, c'est comme si tout était clair et tout devenait possible.

Les jours suivants, des proches m'ont trouvée transformée et rayonnante. J'ai gagné en confiance en moi en quelques jours ; même ma voix a changé et mûri.

C'était très agréable d'être connectée de si près à sa partie divine (lumineuse).

Ce phénomène d'amplification peut se manifester en vous-même, par des émotions, un mal-être, des maux. Ils peuvent aussi apparaître à vous au travers de votre vie et de vos relations qui deviennent les miroirs de vos conflits intérieurs et l'expression de vos zones d'ombre.

Très rapidement, j'ai commencé à ressentir des peurs de toutes sortes remontées à la surface, de vieux souvenirs d'expériences difficiles, et même des « flashs » de mémoires karmiques douloureuses.

Je me suis sentie comme dans une machine à laver au milieu de toutes sortes d'émotions, de mauvais souvenirs et de chocs qui se bousculaient dans mon esprit, mon cœur et mes tripes.

Je ne comprenais pas ce qui était en train de se passer.

L'amplification des deux parties peut chambouler. Cela devient difficile et complexe à vivre, surtout quand on ne comprend pas ce qui nous arrive. D'autant plus que la phase juste avant était si douce, si apaisante, si aimante, si lumineuse.

Dans les premiers temps, plus ou moins longs en fonction des personnes et de leur implication dans leur propre transformation, beaucoup de choses remontent. Mais avec le temps et le travail en soi, cela devient moins difficile. Cela se stabilise, même si le phénomène d'amplification perdure. Il faut apprendre à s'y habituer, car cela permet de faire ressortir tout ce qui n'a plus lieu d'être et de transmuter ainsi sa partie sombre en partie lumineuse, faisant du même coup grandir l'Amour en soi.

Comme je le disais précédemment, l'amplification ne se fait pas seulement en soi. Elle peut aussi se manifester dans sa vie, de manière générale.

Les situations et relations vécues sont comme un miroir des conflits intérieurs. Ce qui veut dire que si votre partie sombre comporte une blessure ou quelque chose à régler, il y a de grandes chances (eh oui, c'est une chance dans le cadre du processus) pour que vous y soyez confronté concrètement dans votre vie quotidienne et dans vos relations.

Quelques jours après notre première rencontre avec Ludovic, j'ai commencé à être confrontée à ma partie sombre.

Cela a commencé par exemple avec mon entourage, mes relations qui n'ont pas compris ma transformation positive. Le fait de me voir changée n'a pas plu à tout le monde, et on me l'a fait ressentir. Ce qu'ils me renvoyaient mettait en lumière des points de ma partie sombre.

J'avais des choses à régler, comme le fait d'apprendre à dire « non », de ne pas être trop gentille à mes dépens, d'arrêter de me laisser contrôler pour répondre aux attentes des autres.

Je me rendais compte que pendant des années, j'avais remis mon pouvoir aux autres et que je fonctionnais en fonction d'eux et non en fonction de moi-même. Difficile de laisser une place à son âme pour qu'elle s'exprime dans une telle configuration.

Reprendre son propre pouvoir n'est pas chose aisée. Il ne suffit pas de s'affirmer et de simplement dire « non » plus souvent. C'est ce que j'ai fait pourtant. Au début, cela opérait très bien, et très vite, les schémas de fonctionnement précédents se sont remis en place.

Comprenez – comme je l'ai alors compris – que le travail que l'on doit engager vis-à-vis de soi ne permet pas l'illusion. Il ne s'agit pas d'ajouter une lampe pour apporter un peu de lumière à la partie sombre. Il s'agit de transmuter cette partie sombre en partie lumineuse pour qu'elle irradie de lumière.

Si j'avais donné mon pouvoir aux autres, cela venait forcément d'un schéma établi en moi, basé sur des peurs, des besoins, des blessures de cette vie ou d'autres vies.

Le travail superficiel ne suffisait pas. Il fallait aller chercher l'origine, la source qui conditionnait ce schéma pour comprendre et pour pouvoir le transmuter. Cela m'a obligée à aller rechercher mes blessures enfouies dans l'inconscient et dans mes corps subtils pour leur apporter la lumière et l'Amour nécessaires à la guérison.

Ce qui rend le travail encore plus compliqué, c'est que non seulement vous devez lutter contre une partie de vous-même, mais en plus, vous devez subir les autres qui ne comprennent plus pourquoi vous changez les règles du jeu de la relation.

Même si les jeux de pouvoir sont inconscients, les personnes n'aiment pas que le pouvoir leur soit retiré. Car si quelqu'un donne son pouvoir à autrui, c'est que cela vient nourrir une part de lui-même ; et si une personne prend le pouvoir d'une autre, c'est que cela vient aussi nourrir une partie sombre d'elle.

En reprenant votre pouvoir, vous lui retirez, et donc il y a de grandes chances pour que vous mettiez cette personne en manque de ce besoin qui était jusqu'alors couvert, et/ou que vous lui révéliez ce qu'il n'avait pas envie de voir de lui : sa partie sombre.

Vous l'aurez compris, cela ne facilite pas les relations. Et votre ego vous souffle sans cesse à l'oreille : « Mais pourquoi changes-tu tout cela ? On était si bien avant ! »

Je vais revenir maintenant sur l'amplification de cette partie sombre quand vous êtes avec votre Flamme Jumelle.

Déjà, rappelez-vous que l'amplification se fait pour les deux Flammes Jumelles ; et cela, quel que soit le niveau d'éveil de chacune, la distance qui les sépare ou non, et le fait qu'elles soient en couple amoureux ou non.

Vivre sa propre amplification de sa partie sombre n'est pas agréable. Et si j'insiste sur le fait qu'il faut vraiment s'apporter de l'Amour et du pardon, c'est que très souvent, on en vient à se détester par rapport à ce qui émerge de notre partie sombre et qui arrive à notre conscience.

Alors, maintenant, imaginez que ce que vous voyez n'émerge pas de votre partie sombre, mais de celle de votre Flamme Jumelle. Très vite, cela devient très éloigné du conte de fées. Et très vite, l'être idéal que vous pensiez avoir en face de vous peut vous montrer un tout autre visage.

Si vous étiez dans une relation ordinaire, partir pourrait être la meilleure des solutions. Mais depuis la reconnexion, vous n'êtes plus dans une relation ordinaire, vous êtes dans une relation sacrée.

Cela signifie qu'au-delà d'avoir la force, le courage, la persévérance, l'Amour de vous supporter pendant toutes les phases de transmutation de vos parties sombres, vous allez devoir avoir la force, le courage, la persévérance et l'Amour de supporter et d'accompagner votre Flamme Jumelle.

Ces étapes, aussi désagréables soient-elles, sont nécessaires pour chacune des Flammes Jumelles. Alors, chacune doit la vivre et permettre à l'autre de la vivre aussi.

Cela peut paraître un sacrifice pour chaque Flamme Jumelle. J'utilise volontairement le terme de « sacrifice ». En général, ce terme est chargé de négativité. Faire un sacrifice est ressenti comme un acte négatif de résignation.

En réalité, sacrifice signifie « rendre sacré ». Et c'est bien ce qui vous est demandé en tant que Flamme Jumelle. Vous devez rendre sacré vous-même, et vous devez rendre sacré votre couple de Flammes Jumelles. Alors, dans ce sens, oui, vous pouvez vous sacrifier pour l'autre et pour vous-même, au nom de l'ensemble, et de bien plus encore…

Un autre point, qui pourrait vous faire détester votre Flamme Jumelle. Au-delà du fait que vous allez voir exposée à la lumière sa partie sombre, cela va aussi contribuer à révéler la vôtre au travers de ses paroles, de ses actes. Il pourrait vous blesser et sa blessure viendrait rouvrir précisément une vieille blessure cachée, enfouie qui, avec la reconnexion des Flammes Jumelles, mérite d'être pleinement et totalement guérie. Dans tous les cas, on n'aime pas être ainsi blessé et démasqué, en général.

C'était le cas d'une femme que je suivais. Elle avait son passé et ses blessures qui faisaient qu'elle avait besoin dans sa vie qu'on la valorise, qu'on l'aide à avoir confiance en elle et qu'on la sécurise.

Bien entendu, elle attendait naturellement chez un homme dans une relation de couple qu'il lui apporte la sécurité dont elle avait besoin, que ce soit par sa manière d'être, par son comportement vis-à-vis d'elle dans le couple ou encore par sa situation sociale et professionnelle.

Cette vision et ces besoins constituaient son « idéal masculin » d'un point de vue humain.

Seulement, elle vécut la reconnexion avec sa Flamme Jumelle. Et l'homme en question était presque l'opposé de ce qu'elle attendait, de ce qu'elle avait imaginé comme son idéal masculin.

C'était quelqu'un de très indépendant, qui ne s'engageait pas facilement et qui travaillait comme saisonnier sur des bateaux durant plusieurs mois. C'était pour elle une relation et une situation tout sauf sécurisantes et confortables.

Dans ce témoignage, on constate que sans le vouloir consciemment, sa Flamme Jumelle la positionne dans un inconfort et une insécurité, en étant très indépendante et en ne comblant pas naturellement ses besoins et ses manques.

Elle était alors confrontée à sa propre partie sombre dans sa relation et cette situation, mise en lumière par l'autre.

Elle pouvait très bien décider de le quitter et de continuer à alimenter ses illusions. Ou alors elle pouvait choisir de dépasser ses blessures, ses peurs et de transmuter sa partie sombre révélée par l'autre pour trouver le juste équilibre en elle, puis dans la relation.

Dans cet autre exemple, la jeune femme avait vécu un traumatisme dans sa jeunesse, en lien avec des abus sexuels. Elle était devenue très pudique, ne se sentant pas du tout à l'aise avec sa sexualité, et avait tendance à cacher son corps sous des vêtements bien boutonnés pour ne rien laisser entrevoir.

Dans ses relations de couple, elle avait aussi besoin de sécurité, de respect et surtout, de ne pas se sentir brusquée vis-à-vis de son intimité et de son corps ; tout cela en lien avec sa partie sombre nourrie par ce qu'elle avait vécu.

Puis, elle vécut la reconnexion avec sa Flamme Jumelle, qui, lui, était au contraire (comme par hasard) un homme très sexuel, avec des besoins fréquents.

Il avait eu beaucoup de femmes avant elle et avait tendance à être pressé et à ne pas forcément savoir être à l'écoute du rythme de sa Flamme Jumelle.

Elle se retrouva alors confrontée très directement à sa partie sombre dans sa relation de Flammes Jumelles.

L'Amour étant là, ce miroir de l'autre lui a permis de travailler sur la transmutation et la guérison de ses blessures liées à la sexualité.

Ce qui est important aussi ici, c'est qu'il ne s'agit pas pour la femme de travailler seule sur ses propres zones d'ombre concernant la sexualité. L'un étant le miroir et le reflet de l'autre, l'homme avait aussi à travailler ses zones d'ombre concernant sa sexualité pour que l'un et l'autre puissent vivre et s'aimer sexuellement dans l'équilibre de qui ils sont véritablement chacun.

Pour conclure sur cette partie d'amplification des parties sombres, sachez que le pardon et l'Amour sont le ciment de votre progression et de votre cheminement. Votre ego pourrait vous donner l'envie de fuir l'autre. Et vous pourriez l'écouter. Mais l'arrêt de la souffrance ne serait qu'une illusion de courte durée.

Retenez que l'Amour divin vous lie, et je ne peux que vous encourager à cheminer l'un avec l'autre quand c'est possible en élargissant le pardon et l'Amour à l'autre et à votre relation.

Phénomène de « double existence »

Ce phénomène est un signe spécifique chez les Flammes Jumelles. Il est vraiment hors du commun et concerne tous les couples de Flammes Jumelles que j'ai pu accompagner, et je le retrouve dans nombre de témoignages reçus.

Bien entendu, les ressentis dépendent aussi de la sensibilité de ceux qui le vivent et de la prise de conscience du phénomène.

J'ai pu observer que ce signe très particulier n'est pas seulement ressenti par des personnes ouvertes et sensibles aux énergies subtiles. Ce phénomène concerne tout le monde.

Comme tout être humain, nous vivons nos propres « états » d'ordre physique, émotionnel, mental et spirituel.

Mais dans une relation de Flammes Jumelles, on peut ressentir, et plus justement je dirais « vivre » les états de l'autre en plus des siens.

Quand je dis que l'on ressent et vit les états de l'autre Flamme Jumelle, c'est que l'on dépasse ici le simple fait de compatir à sa douleur, à sa tristesse, à sa joie, à ses douleurs… On ressent et vit ses états dans sa propre chair, comme si ce qui provoquait tel ou tel état venait de l'intérieur de soi.

Et ce phénomène peut intervenir quelle que soit la distance qui sépare les Flammes Jumelles.

J'appelle ce phénomène « double existence », car c'est comme vivre à la fois ses propres états et ceux de l'autre, comme si l'ensemble ne faisait qu'un, ce qui est très souvent complexe à gérer.

Gérer ses propres émotions n'est déjà pas évident, surtout dans le cadre de la reconnexion à sa Flamme Jumelle, alors, devoir gérer les émotions, les ressentis et les douleurs de l'autre en plus, cela devient vraiment difficile pour beaucoup.

Concrètement, comment cela se manifeste-t-il ?

Il peut s'agir de ses maux et de ses douleurs, de ses émotions hautes ou basses, de ses ressentis ou encore même de son état d'esprit.

L'un des premiers événements de ce type que j'ai vécus s'est produit un jour où j'étais tranquillement chez moi à travailler, et subitement, des larmes se sont mises à couler sur mes joues, alors que tout allait bien.

Je me suis sentie envahie par une émotion forte de tristesse qui arrivait de nulle part. J'ai été très surprise. Et ce n'est plus tard dans la journée que j'ai compris pourquoi, lorsque Ludovic m'a appelée pour me raconter ce qu'il avait vécu.

Le matin même, Ludovic avait vécu une situation difficile avec sa compagne. Il avait été très triste et avait pleuré. Le moment où il s'était mis à pleurer était le moment même où j'avais ressenti la vague de tristesse et que les larmes ont coulé aussi sur mes joues.

J'ai alors compris que ces larmes ne m'appartenaient pas, ou du moins la cause de ces larmes ne m'appartenait pas. Et du même coup, j'ai pris conscience du phénomène qui venait de se produire entre nous.

Juste une petite précision : lors de notre reconnexion à l'occasion de ce rendez-vous professionnel, nous étions l'un et l'autre en couple. C'est important de le signaler, déjà par rapport à ce que j'évoquais concernant Ludovic et sa compagne, et parce que nous avons aussi pu expérimenter et vivre la difficulté que nombre de Flammes Jumelles connaissent aujourd'hui qui est de se reconnecter alors que l'un et/ou l'autre sont déjà en couple, avec souvent des enfants.

Un autre exemple est celui d'une femme qui avait eu mal aux dents sans raison tout un week-end. Physiquement, sa dentition n'avait rien d'anormal.

Plusieurs jours après, elle apprend par une amie en commun que sa Flamme Jumelle avait eu une rage de dents tout le week-end.

Cela peut être le cas aussi avec l'alcool ou les stupéfiants. C'est-à-dire que si l'un consomme, il peut arriver que l'autre en ressente les effets, et parfois même le goût de l'alcool, par exemple.

Je peux vous dire que personnellement, je ressens généralement en moi les effets de l'alcool, si Ludovic boit un verre. Je peux éprouver un certain enivrement, ainsi que les symptômes associés.

Mais ce que j'ai aussi pu observer au travers des personnes que j'accompagne, c'est que s'il existe une dépendance chez l'un des deux, comme vis-à-vis de l'alcool ou d'une substance chimique, l'autre peut ressentir son envie.

Cela ne veut pas dire que l'autre Flamme Jumelle devient elle-même dépendante à l'alcool ou autre. Cela signifie qu'elle peut se sentir attirée et avoir envie de consommer, alors que normalement, ce n'est pas le cas.

Je reçois très régulièrement des exemples montrant ce phénomène que je nomme de « double existence ». Ce phénomène spécifique aux Flammes Jumelles n'est pas évident à apprivoiser et à gérer au quotidien, car ce qui touche l'un touche l'autre. Et encore une fois, la distance ne change rien.

Cela étant, je précise que l'intensité perçue n'est pas la même que celle ressentie par la personne directement concernée. Cela ne relève pas de la même « gravité ».

Par exemple, si votre Flamme Jumelle a un accident et se casse la jambe, il y a des chances pour que vous ressentiez aussi une douleur à la jambe. Mais elle ne sera pas cassée pour autant.

L'intensité ressentie dépend aussi de votre évolution par rapport aux clés qui jouent sur le débit de votre connexion et donc de vos ressentis dans cette relation.

Les personnes ont souvent du mal à savoir si elles vivent le phénomène, car il leur est difficile de discerner s'il vient d'elles ou de l'autre.

Dans mon cas, lors de la découverte de ce phénomène, Ludovic m'a confirmé qu'il pleurait au moment où moi-même je ressentais de la tristesse et que des larmes coulaient. Dans le deuxième témoignage, c'est une tierce personne qui vient valider le soupçon. Dans les deux cas, c'est la solution la plus concrète.

Quand vous n'avez pas le moyen de vérifier directement, prenez un moment pour vous mettre au contact de vous-même et posez-vous la question de savoir si ce que vous ressentez vous appartient ou non.

Aujourd'hui, c'est une habitude que nous avons entre Ludovic et moi. Par exemple, s'il a mal au dos, d'un seul coup, alors que rien ne justifie ce mal de dos soudain, il me pose la question. Et en général, le mal de dos vient de moi.

Au début, c'est déroutant. Puis, avec le temps, cela devient naturel.

Au niveau de l'intensité du ressenti, cela dépend de chaque personne. Certains sont très sensibles et reçoivent fortement les émotions, les maux de l'autre, et d'autres, moins.

Au fur et à mesure, vous apprendrez à apprivoiser ces transferts. Et si vous portez votre conscience sur le fait que cela ne vous appartient pas, en général, l'intensité baisse.

L'autre aspect de ce phénomène de double existence est qu'il vous permet d'être au plus proche de votre Flamme Jumelle.

La personne pourra vous dire qu'elle n'est pas triste, pour ne pas vous inquiéter, mais vous, vous saurez que ce n'est pas vrai et vous pourrez lui apporter la bienveillance et tout l'Amour nécessaire. C'est un excellent moyen de découvrir l'autre sous une dimension énergétique différente et profonde.

Gémellité

Un signe que l'on retrouve chez les couples de Flammes Jumelles est une certaine « gémellité ». Ici, la notion de « gémellité » n'est pas forcément physique, même si parfois elle peut l'être par certains traits de ressemblance. La gémellité est celle dégagée par leur aura, c'est-à-dire leur énergie subtile.

Les personnes extérieures peuvent trouver que malgré leurs différences, une ressemblance existe, comme si une certaine gémellité émanait des Flammes Jumelles.

Quant au couple lui-même, la sensation de gémellité dépasse ce qui est visible à l'œil qui regarde simplement les apparences.

Les Flammes Jumelles vont ressentir et observer la gémellité dans leurs comportements, leurs aspirations profondes, leurs parcours de vie, comme des similitudes…

J'ai pu remarquer que les couples de Flammes Jumelles ont ce lien spécial que les frères et sœurs jumeaux peuvent ressentir et vivre au quotidien. Les jumeaux ont une certaine « connexion subtile » que les autres frères et sœurs n'ont pas forcément.

Ils partagent une forme d'empathie, parfois des ressentis, et certains même arrivent à communiquer sous une forme de télépathie.

Pour avoir moi-même connu des jumeaux et Jumelles, le plus amusant était que l'un commençait une phrase et que l'autre la terminait. De ce fait, une conversation était toujours « en stéréo ».

C'est exactement ce qui se passe très souvent entre Ludovic et moi, ce qui déroute les personnes qui ne nous connaissent pas.

Le lien des Flammes Jumelles n'est cependant pas tout à fait comme celui des frères et sœurs jumeaux. Elles ne sont pas Jumelles par leur date de naissance terrestre, mais elles sont Jumelles par la naissance de leurs âmes.

Leur relation est encore plus profonde, car elles sont même des « âmes Jumelles siamoises ».

Les Flammes Jumelles n'ont donc pas besoin d'avoir la même date de naissance terrestre, ni le même âge, ni le même lieu de naissance. La date de naissance n'est pas un critère ici pour valider s'il s'agit bien de Flammes Jumelles.

Quand j'accompagne une personne dans la relation du couple de Flammes Jumelles, je ressens rapidement la présence de l'autre à ses côtés, comme un jumeau. Quand je regarde la photo de la personne, il arrive que je puisse voir par exemple un visage ou une silhouette Jumelle apparaître à côté d'elle, ou juste derrière son épaule.

Une autre histoire concerne une femme qui avait consulté un médium. Le médium a vu un frère jumeau dont le nom commençait par la lettre G. Elle n'avait pas de frère jumeau, ce « jumeau » dont le prénom commençait par la lettre G était en fait sa Flamme Jumelle qu'elle avait retrouvée plusieurs mois plus tôt.

Authentique : sans masque, sans séduction, sans artifice

Lors d'un échange avec une personne vivant une relation de Flammes Jumelles, celle-ci me dit que cette rencontre n'a rien eu à voir avec toutes les précédentes. Il n'y a pas eu de « jeu de séduction », pas de masque, pas d'artifice.

Effectivement, comme je l'ai évoqué déjà dans ce livre, il n'y a pas à « paraître ». Il y a juste à « être » authentique.

Dans une telle relation, le JEU de séduction n'a plus lieu d'exister. Ce JEU est remplacé par le JE. Seul reste le JE, l'essence de l'être véritable. Les Flammes Jumelles sont « à nu », l'une pour l'autre, dévêtues d'illusions.

Bien sûr, parfois l'ego essaie de prendre le dessus, de contrôler et de mettre des barrières pour se protéger. Mais les Flammes Jumelles lisent l'une dans l'autre naturellement et souvent de manière inconsciente.

Elles voient en l'autre aussi bien la partie sombre (humain, ego, visible) que la partie lumineuse (âme, essence divine, soi véritable, souvent invisible pour les autres).

De nombreux couples de Flammes Jumelles m'ont rapporté que dès leurs premières rencontres, elles ont parlé de sujets personnels intimes et profonds. Très rapidement, d'ailleurs souvent même au premier rendez-vous, elles ont ressenti l'envie de s'ouvrir l'une à l'autre et ont abordé chacune leur enfance, leur parcours de vie, leur éducation, leurs blessures, leurs idéaux, leurs rêves, etc. Ce qui normalement est une démarche d'ouverture plutôt inhabituelle lors d'une première rencontre avec un inconnu.

Nu à la Lumière

Les Flammes Jumelles qui se sont reconnectées vont très rapidement vivre ce phénomène profond et plutôt désagréable en lien avec le phénomène d'amplification de la partie sombre et lumineuse, comme nous l'avons vu plusieurs fois dans ce livre.

Et d'ailleurs, si je me suis permis de répéter plusieurs fois ce phénomène d'amplification, et au-delà, d'apporter à chaque fois un complément d'information, c'est aussi et surtout pour que vous soyez bien conscient de l'importance de cette partie dans le processus.

Une fois que « le voile des illusions » s'est levé, les âmes vont être exposées à la Lumière divine, d'une manière puissante, ce qui implique qu'elles vont être chacune totalement à nu, révélées au grand jour par cette Lumière.

Elles ne pourront pas cacher leur partie sombre, c'est-à-dire leurs peurs, leurs blessures, leurs conflits intérieurs, leurs comportements, leurs mémoires et blocages et leurs vieux démons. Elles ne pourront plus se vêtir et se cacher derrière le voile des illusions qui s'est levé.

Ce phénomène est doublement désagréable pour les deux Flammes Jumelles…

On se voit soi-même à nu avec ses zones d'ombre comme avec ses zones de lumière. Ce regard sur soi-même et sur sa propre vie n'est pas toujours simple à vivre, car il remet souvent tout en cause. On n'aime que très rarement voir ses vieux démons, ses faiblesses et ce que l'on juge comme mauvais en soi sortir ainsi à la vue de soi et des autres. Un tel phénomène est inconfortable, et l'on a tendance à vouloir le fuir en évitant le contact avec sa Flamme Jumelle.

Si je me vois à nu, l'autre me voit aussi, et je vois également l'autre. Nous voyons l'autre tel qu'il est, avec ses zones d'ombre et ses zones de lumière. Ce phénomène est souvent problématique. Le fait de voir la partie lumineuse de sa Flamme Jumelle permet de percevoir aussi cet Amour grand et divin qui est possible dans le couple. Et l'on voit aussi du même coup son autre partie, sa partie sombre avec ses peurs, ses doutes, ses comportements impulsifs et incompréhensibles… C'est comme si l'on percevait en l'autre deux personnalités opposées. Sa Flamme Jumelle peut s'avérer blessante, désagréable, parfois méconnaissable tant ses vieux démons se manifestent dans le couple. Et souvent, elle vient même mettre le doigt sur ce qui fait mal, ce qui vous blesse, vous insupporte au plus haut point.

Quand ce phénomène se manifeste, j'entends arriver les commentaires suivants :

« Ce n'est pas possible, il/elle ne peut pas être ma Flamme Jumelle. Mon jumeau ne me ferait pas de mal. Il ne me dirait pas cela. Il ne me rejetterait pas. Ce n'est pas ma Flamme Jumelle. Je laisse tomber. J'abandonne et je passe à autre chose. »

Ce n'est pas parce que vous avez mal ou que l'autre vous montre un double visage parfois sombre qu'il n'est pas votre Flamme Jumelle.

Il vit tout comme vous les phénomènes de Flammes Jumelles, même si vous ne vous rendez pas compte de votre propre comportement, il vous voit aussi, avec vos deux facettes.

Votre Flamme Jumelle ne veut pas consciemment vous faire du mal, vous provoquer, ou vous rejeter. Elle doit, tout comme vous, apprendre à accueillir et à transmuter sa partie sombre pour trouver l'équilibre en elle, et ensuite dans votre couple.

Prenez conscience également que vous avez certainement pour elle le même effet, même si cela se manifeste autrement pour elle.

En acceptant de regarder chacun vos zones d'ombre, vous apprendrez à mieux vous connaître vous-même, et vous progresserez.

Tant que l'autre provoque en vous de la douleur, ou un inconfort, c'est que vous avez, vous, des choses à travailler pour vous libérer encore et trouver le juste équilibre.

Et surtout, maintenant que vous en savez un peu plus sur les Flammes Jumelles, vous avez intégré que ce n'est pas en fuyant ou en rejetant l'autre que vous vous séparerez de ce cordon permanent qui vous lie quels que soient la distance et vos choix.

Rappelez-vous aussi l'importance du pardon et de l'Amour dans le processus. Apprenez à accueillir votre autre avec bienveillance, pardonnez-lui comme il doit se pardonner aussi, et enveloppez-le de cet Amour inconditionnel pour l'aider à transmuter ses zones d'ombre, au lieu de le rejeter.

Présence et manifestations de l'autre

Ce phénomène spécifique est largement vécu par les couples de Flammes Jumelles. Il s'agit de manifestations de la présence subtile d'une Flamme Jumelle pour l'autre. Nous ne parlons pas ici de ce que nous avons vu précédemment avec le ressenti des émotions de l'autre, mais de sa présence subtile.

Cette présence peut se faire ressentir de différentes façons.

Manifestation physique-kinesthésique : c'est la plus courante. Elle se ressent physiquement. Il peut s'agir par exemple d'une sensation d'effleurement sur la peau, comme une douce caresse, ou encore d'un baiser délicat déposé sur la joue, sur les lèvres ou encore sur le front. Parfois, c'est même l'impression que quelqu'un vous enlace. La manifestation physique peut aussi être celle de ressentir la « présence » de l'autre dans la pièce, ou juste à côté de soi.

Après notre reconnexion, Ludovic et moi, j'ai commencé à ressentir une présence à côté de moi. Je ne voyais rien avec mes yeux, mais je me sentais accompagnée de quelqu'un de doux et bienveillant.

Je me sentais comme observée, et comme si l'on veillait sur moi. C'était une sensation rassurante et agréable, quoiqu'étrange.

Cela n'avait rien à voir avec la présence d'une entité, qui est plutôt « froide », ni même avec la présence d'un Guide ou d'un Être lumineux.

Je reconnaissais son énergie, sa présence. C'était comme être physiquement à côté de lui, mais sans le voir.

Vous savez, c'est un peu comme se trouver les yeux fermés, dans la même pièce, à côté d'une personne que l'on connaît. On sait qu'elle est là. On la ressent. On ressent son énergie, sa chaleur…

À cette époque, nous n'étions pas encore en couple. Et d'ailleurs, comme je l'ai dit précédemment, nous vivions chacun de notre côté en concubinage.

Un matin, le compagnon avec qui j'étais à l'époque me dit dès son réveil : « J'ai fait un rêve étrange, mais non, en fait, c'était très réel. C'était comme s'il y avait la présence de quelqu'un qui dormait entre nous. »

Ce garçon qui n'était pas spécialement ouvert et réceptif au subtil avait lui-même ressenti la présence de ma Flamme Jumelle à mes côtés.

Il arrive que notre Flamme Jumelle se manifeste par des sons, comme par la voix. Ce n'est pas le cas le plus fréquent, mais c'est possible et souvent plutôt provoqué volontairement.

Voici un exemple au travers d'un témoignage que j'ai reçu.

« Je dormais cette nuit-là. J'étais seule, quand j'ai été réveillée par une voix qui m'appelait par mon prénom à plusieurs reprises. Je ne savais pas ce que c'était et je me suis rendormie. Le lendemain, ma Flamme Jumelle sans savoir ce que j'avais entendu me dit que la veille au soir il ne trouvait pas le sommeil. Il s'est alors amusé à m'appeler et à me parler à haute voix dans son lit, comme si j'étais là. Je lui ai alors raconté que j'avais été réveillée par une voix qui m'appelait par mon prénom ; en fait, c'était lui. »

Un autre type de manifestation, moins courant aussi, passe par l'odorat. J'étais au téléphone avec Ludovic, ce jour-là. Alors qu'il était à 100 km de moi, j'ai ressenti tout d'un coup son parfum se répandre dans la pièce, comme s'il venait tout juste de se parfumer, là à côté de moi. Ce n'était pas l'odeur de son parfum sur un vêtement ou tissu, mais comme une vaporisation de son eau de toilette.

D'autres personnes que j'accompagne ont aussi senti le parfum de leur Flamme Jumelle dans des lieux où cela ne pouvait pas porter à confusion avec d'autres personnes autour.

La manifestation visuelle est plus fréquente et peut se faire aussi de manières bien différentes. La plus courante est lorsque l'on voit l'âme de sa Flamme Jumelle se manifester, plus ou moins distinctement. Cela se produit principalement pour les personnes qui ont déjà une certaine sensibilité. Ce peut être également l'apparition de son visage ou de sa silhouette sur quelque chose, comme un objet ou dans un élément.

On retrouve ces manifestations au travers de nos sens. Et je ne l'ai pas encore évoqué, mais je peux ajouter les manifestations gustatives, même si elles semblent être plus rares.

Toutes ces manifestations m'ont été rapportées à de nombreuses reprises sous des formes propres à chaque personne. C'est une sensation chaleureuse, agréable et bienveillante qui reste souvent une expérience bien vécue.

Communication d'âme à âme

Les Flammes Jumelles pratiquent une communication d'âme à âme bien à elles. C'est un phénomène spécifique à la relation.

Il est plus ou moins prononcé d'une personne à une autre, selon la sensibilité de chacun, bien entendu. Mais la base de la communication d'âme à âme se fait naturellement même si les individus ne sont pas particulièrement ouverts à cela.

Je précise également que certaines personnes plus sensibles arrivent aussi à communiquer et, en quelque sorte, à lire l'âme des gens. Elles sont capables de ressentir, de voir et de comprendre au-delà de ce qui peut être visible par tous.

Nous allons voir les différentes formes qui caractérisent cette communication subtile.

Compréhension profonde

La compréhension profonde entre Flammes Jumelles dépasse les mots, et aussi ce qui est seulement visible et compréhensible par d'autres. La communication est plus globale, plus profonde et plus grande.

Par exemple, il peut se produire une forme de télépathie pour certains, une compréhension à demi-mot ; où le regard peut en dire plus que le langage verbal. Il peut arriver fréquemment que l'une commence une phrase et que l'autre la termine, comme si elles communiquaient d'une seule et même voix.

Régulièrement, les Flammes Jumelles vont décider de s'écrire un SMS ou de s'appeler au même moment. Cela peut arriver une ou deux fois à tout le monde, mais rarement régulièrement comme entre les Flammes Jumelles.

Les Flammes Jumelles se comprennent et se connaissent sans pour cela connaître concrètement le passé de l'autre. Mais elles ont accès à quelque chose de profond et d'intime chez l'autre. C'est comme pouvoir lire dans un livre ouvert et donc voir aussi bien sa partie lumineuse que sa partie sombre.

Elles peuvent voir de leur Flamme Jumelle ce que d'autres ne peuvent voir et comprendre.

Double langage : âme/humain

Une autre expression de la communication subtile entre Flammes Jumelles est le double langage âme/humain. Les Flammes Jumelles se comprennent au-delà de ce qui peut être dit ou montré.

En général, l'être humain ne se dévoile pas à n'importe qui. Il instaure ses limites et montre seulement une partie « visible », ce qu'il veut bien que l'on sache et que l'on voie de lui.

Dans la relation de Flammes Jumelles, c'est comme si cette barrière était franchissable par l'autre. Sa Flamme Jumelle peut voir le visible et aussi ce qu'il y a derrière cette barrière illusoire, la partie immergée.

Les Flammes Jumelles sont à nu l'une pour l'autre. Cette mise à nu dépasse l'aspect purement humain, puisque l'autre a également accès à l'âme.

Et même si cet aspect devient finalement naturel, j'observe souvent une problématique qui émerge par rapport à cela : la lecture d'un « double discours », souvent éloignés l'un de l'autre.

Par exemple, votre Flamme Jumelle vous dit verbalement et vous montre par son attitude et langage corporel quelque chose, comme le fait de ne pas donner suite à votre relation et vouloir la séparation. C'est sa partie humaine que vous percevez concrètement.

Seulement, vous pouvez aussi sentir que son discours ne s'arrête pas là et qu'il y a autre chose derrière. Vous pouvez également ressentir et percevoir que ce qui motive cette position humaine n'est, par exemple, que des limites passagères, et vous savez que ce n'est qu'une question de temps et de nécessité d'évoluer.

Ce que vous ressentez et percevez là est le « discours de son âme ». Votre Flamme Jumelle peut vous dire qu'elle ne vous aime pas et qu'elle ne veut plus vous voir. Mais au-delà de ces manifestations et décisions illusoires, vous ressentez et percevez un sentiment contraire qui est alors l'expression de son âme, et non plus de sa partie physique, émotionnelle et mentale.

Être confronté à ce « double discours » pouvant paraître incompréhensible vous fait souvent perdre vos repères. Mais il vous permet aussi de garder l'espoir que les choses évoluent.

Oui, c'est très perturbant, et on peut ressentir un écart plus ou moins important selon la situation entre la « réalité visible » perçue au travers de sa facette humaine et ce qui est plus subtil, mais bien concret finalement au travers de sa facette divine (âme).

Prenez alors conscience que ce phénomène existe chez les Flammes Jumelles. Et qu'il est naturel dans cette relation.

À partir de maintenant, dites-vous que vous pouvez percevoir ces deux facettes chez l'autre et qu'il ne faut pas s'arrêter à ce qui est dit et montré. Apprenez à vous faire confiance, selon ce que vous percevez de manière plus subtile.

Et même si votre perception du message de l'âme conforte votre idée, respectez le rythme de l'autre, sans forcer, et avec bienveillance et Amour, car l'Amour sera plus efficace que de mettre la pression à l'autre Flamme Jumelle.

Communication subtile avec l'âme

Pour aller plus loin, selon la sensibilité de l'individu, il est possible de ressentir, de voir et de communiquer subtilement avec l'âme de sa Flamme Jumelle. C'est comme une rencontre subtile avec son âme.

Cela peut se produire de manières différentes.

Naturellement. Il arrive que l'on rencontre l'âme de sa Flamme Jumelle naturellement, sans que cela soit induit par un acte volontaire. Le plus souvent, cela se produit la nuit, dans des « rêves réels » ou des « sorties de corps ». On se retrouve quelque part avec l'âme de sa Flamme Jumelle.

Cela peut aussi arriver quand on est éveillé et conscient. Il est possible de recevoir une visite de l'âme de sa Flamme Jumelle, un peu comme quand une âme défunte se manifeste auprès d'un proche pour lui dire quelque chose ou le rassurer.

C'est un langage subtil d'âme à âme. Et il faut être attentif et se faire confiance un minimum pour le ressentir.

De manière provoquée et/ou plus maîtrisée. Certaines personnes arrivent à provoquer cette communication d'âme à âme, subtile, volontairement, en se mettant, par exemple, dans un état méditatif.

Plus de personnes que l'on pense parviennent à communiquer ainsi avec l'âme de leur Flamme Jumelle, et c'est d'ailleurs très utile. Souvent, ce sont des personnes qui ont plus confiance en leur intuition, en leur ressenti ou qui ont l'habitude de méditer ou de pratiquer une approche énergétique.

Parfois, l'âme peut se présenter à vous en pleine journée, pendant que vous faites une activité. Elle peut vous solliciter, et si vous la ressentez, vous pouvez communiquer avec elle et entamer un dialogue.

Cela dépend beaucoup de vos habitudes, de votre sensibilité. Et sachez que cela se travaille.

Pour ma part, j'ai commencé très tôt, alors que je n'étais qu'une enfant, cette communication subtile d'âme à âme avec ma Flamme Jumelle, même si je n'avais pas connaissance ni conscience de ce phénomène de Flammes Jumelles.

Je ressentais bien sa présence, je percevais sa silhouette et son énergie. J'avais pris l'habitude durant mon enfance et jusqu'à l'adolescence de communiquer avec son âme. Je lui parlais intérieurement ou à haute voix, comme si elle était là réellement. Je partageais avec elle les choses de ma vie, mes expériences, mes peines et mes joies ou encore mes interrogations.

Le toucher « fusion »

Le « toucher physique » chez les Flammes Jumelles est très spécifique, même s'il n'est pas vécu et ressenti de la même manière d'une personne à une autre.

Tout d'abord, les Flammes Jumelles ressentent un besoin de se toucher, de s'effleurer, d'avoir un rapprochement physique, qui n'est pas habituel dans les relations. Même si le désir existe bien entendu, ce besoin n'est pas forcément sexuel.

Il est très fréquent que des Flammes Jumelles ne vivent pas la relation du couple en tant qu'amants, mais elles ressentent ce besoin physique de « fusionner » par le toucher.

Le toucher chez les Flammes Jumelles opère comme une fusion à la fois des corps et des âmes.

Elles peuvent avoir la sensation que par le toucher, elles retrouvent une partie d'elles-mêmes. C'est un sentiment de complétude et d'unicité.

Ce sentiment est bien sûr amplifié lors de l'acte sacré sexuel, qui, lui, dépasse la fusion pour parvenir à la « réUNion ».

La réUNion, c'est quand les corps et les âmes fusionnent complètement et redeviennent alors UN.

Dès les premiers rendez-vous, nous étions naturellement très tactiles, mais cela n'avait rien à voir avec une attirance sexuelle, et c'était très respectueux. Nous avions le besoin de nous effleurer, de nous toucher quand nous parlions continuellement.

Nous nous voyions dans le cadre d'une relation purement professionnelle. Même s'il y avait beaucoup de fluidité et de naturel dans notre relation, je cherchais à mettre des limites et une certaine distance, mais le besoin de contact était presque incontrôlable.

C'était à la fois tellement évident et incompréhensible pour moi.

Très vite, quand nous devions nous séparer pour rentrer dans nos foyers respectifs, nous avons ressenti le besoin de nous prendre dans les bras l'un de l'autre, et toujours sans ambiguïté. Au début, c'était très furtif. Puis, peu à peu, cela prenait de plus en plus de temps, plusieurs minutes, sans dire un mot.

La première fois, je me suis dit et j'ai senti que c'était mon « chez moi », mon foyer. Et pourtant, c'était totalement incompréhensible par mon esprit. Et cependant, c'était la sensation profonde que j'avais.

Peu importe ce qui pouvait se passer autour de moi, ici, dans ses bras était ma place. C'était mon foyer. J'aurais pu rester là, blottie sans un mot durant des heures et des jours. D'ailleurs, c'est arrivé de rester plusieurs heures comme ça, dans les bras l'un de l'autre, en étant simplement là, à se délecter de ces instants aussi précieux qu'incompréhensibles.

Il nous arrivait aussi, sans le calculer, de nous prendre naturellement la main quand nous marchions l'un à côté de l'autre, comme le font les couples qui sont amoureux.

Aussitôt, nous réalisions que nos mains se liaient presque toutes seules. Alors, nous les lâchions, gênés l'un et l'autre. Pour moi, vivre ce toucher fusionnel était difficile, car j'en avais vraiment besoin, mais je n'avais pas du tout dans l'idée, à ce moment, d'être en couple avec lui. Je le côtoyais dans un cadre professionnel.

Une autre sensation étrange m'avait aussi interpellée. Au travers du toucher, j'avais l'impression de connaître depuis toujours cette sensation sur sa peau et son corps. Pour moi, c'était comme s'il n'était pas étranger. Pour aller plus loin, cela me donnait presque l'impression qu'en touchant sa main, je touchais la mienne. Une sensation que je n'avais jamais eue auparavant.

Dédoublement

J'ai constaté un autre phénomène qui revient souvent chez les Flammes Jumelles, qui est encore un peu différent de la décorporation, et que j'appelle plutôt un « dédoublement ».

Il s'opère quand les âmes des Flammes Jumelles se retrouvent quelque part lors d'un voyage astral. Ce phénomène peut se produire aussi bien la nuit que le jour.

Dans le cadre du sommeil, cela s'apparente à un rêve très réel, avec une impression de vrai, des sensations présentes et un souvenir de ce rêve assez précis. Ce phénomène nocturne est très fréquent.

Avec Ludovic, nous avions pris l'habitude chaque matin de nous raconter nos rêves de la nuit passée. Quand nous rêvions l'un de l'autre, ce qui était assez étrange, c'était la sensation que tout paraissait si réel et palpable.

C'est à ce moment-là d'ailleurs que nous avons pris conscience qu'il ne s'agissait pas de simples « rêves », car ils étaient bien souvent identiques.

Nous nous sommes rendu compte que nos âmes vivaient des décorporations naturellement durant la nuit, et que nous nous retrouvions quelque part, dans un même endroit avec les mêmes décors.

Cela arrivait plus souvent quand nous n'étions pas encore en couple à vivre l'Amour, et que nous dormions séparément.

C'était un moyen de nous retrouver et de nous rapprocher. Cela se produit encore depuis que nous vivons ensemble, mais c'est un peu différent. C'est comme si nos âmes se retrouvaient pour travailler et pour recevoir comme des enseignements dans une autre dimension et dans un autre lieu que celui de la chambre.

Je reçois également bon nombre d'exemples à ce sujet. Et il y en a un, plus fréquent, qui arrive surtout à des couples de Flammes Jumelles qui ne vivent pas sous le même toit.

Il s'agit des âmes qui vivent des sorties de corps, comme des rêves très réels et sensoriels, pour « faire l'Amour » sur les plans subtils.

Il ne s'agit pas d'un simple rêve érotique, mais de quelque chose de très « concret » et souvent vécu par les deux. C'est une véritable fusion des âmes, qui peut arriver même si le couple n'a pas eu de rapports sexuels physiquement.

Ce phénomène peut aussi prendre racine la journée. Il arrive qu'une forme de « voyage astral » puisse se faire en plein jour.

Parfois, quand vous êtes dans un moment de détente profonde induite par de la relaxation ou une séance énergétique, par exemple, vous pouvez sentir et voir, comme si c'était un film, vos âmes qui se retrouvent et qui vivent quelque chose ensemble. C'est un peu comme un rêve éveillé, très présent et réel.

La sensation n'est pas celle que l'on peut avoir quand on imagine quelque chose. C'est réellement un moment qu'une partie de son soi subtil vit à un autre niveau vibratoire, et cela, même si le corps physique est occupé à tout autre chose. Vous êtes physiquement ici à faire ce que vous avez à faire, et vous ressentez et voyez votre âme avec l'âme de votre Flamme Jumelle sur un autre plan.

La première fois que nous avons vécu un tel phénomène, Ludovic et moi, ce fut extraordinaire ! Moi qui avais l'habitude depuis mon enfance de vivre des sorties de corps naturellement et assez fréquemment, c'était encore autre chose.

En fin d'après-midi, après avoir travaillé avec Ludovic, j'ai senti l'impulsion de lui donner un massage sur table, en lui faisant écouter une musique que j'aimais beaucoup et que je voulais absolument lui faire découvrir.

Au bout de quelques minutes à peine, alors que je massais Ludovic sur la table, j'ai pu voir nos âmes s'élever au-dessus de la table de soins. Nos âmes se sont enlacées et ont commencé à tourbillonner dans une énergie de couleur bleu violet, tout en montant encore et encore.

C'était comme une danse de nos âmes, elles vivaient une véritable « fusion », et à la fin de cette ascension, elles ne formaient plus qu'Un. Elles sont ensuite redescendues le temps que je finisse le massage sur la musique, pour revenir reprendre place dans nos corps physiques.

J'étais à ce moment en mouvement, étant donné que j'étais en train de masser Ludovic et totalement consciente. Et même si c'était de l'ordre du subtil, j'avais ressenti une partie de moi s'élever et danser, comme si je vivais un dédoublement : à la fois en bas dans mon corps physique et en haut en train de danser au-dessus de la table.

Et le plus troublant, c'est quand, à la fin du massage, Ludovic m'a expliqué cette même sensation, cette même vision de nos âmes qui s'étaient élevées, qui tourbillonnaient et qui avaient fusionné pour ne former qu'Un, et comme pour sceller cette union sacrée.

Ce fut, je vous l'assure, incroyable. Et au-delà de ce phénomène qui venait de se passer entre nous et entre nos âmes, nous avons compris que la reconnexion des Flammes Jumelles était vraiment comme une union sacrée scellée à des niveaux de plans subtils bien au-delà de ce que nous pouvons voir et ressentir au niveau terrestre.

J'ai eu d'autres témoignages très intéressants comme celui-ci.

Je peux dire que pour nous, il arrive encore fréquemment que nous ayons la sensation de vivre à la fois quelque chose dans le monde physique et d'autres choses tout aussi présentes et réelles sur des plans plus subtils, sur des niveaux vibratoires plus élevés, avec cette impression de dédoublement.

Manque de l'autre, comme la perte d'une partie de soi

Le manque de l'autre que nous allons voir ici est un phénomène spécifique chez les Flammes Jumelles. Bien sûr, vous pouvez sentir un « manque » dans d'autres relations, mais ici, cela n'a rien de comparable.

Les Flammes Jumelles vivent une sorte de « déchirement » quand elles sont loin l'une de l'autre, ou quand elles vivent une rupture.

Ce n'est pas comme être simplement éloigné de quelqu'un qu'on aime et qui nous manque. C'est avoir la sensation présente et puissante qu'il vous manque un morceau de vous-même, comme une partie de votre propre corps.

Il n'y a rien d'ailleurs de romantique à cela, et cela provoque une profonde souffrance parfois. Cette sensation vient justement du fait qu'à deux, une fois réunifiés, vous formez « un tout ».

Quand les Flammes Jumelles sont séparées, ou éloignées l'une de l'autre après une reconnexion, leur énergie est modifiée. Quand elles sont ensemble, les Flammes Jumelles se nourrissent de l'énergie d'Amour qui émane de leur couple.

C'est comme si l'Amour qui émane de leur couple se multipliait pour les nourrir et nourrir aussi les autres en rayonnant. La valeur de l'ensemble est plus importante que la somme de la valeur de chaque partie.

C'est exactement ce qui se passe ici. Non seulement chaque Flamme Jumelle doit être capable de rayonner l'Amour divin émanant pleinement de son propre cœur, mais en plus, cet Amour dans l'ensemble devient encore plus puissant.

Comme je l'ai expliqué précédemment dans ce livre, les Flammes Jumelles sont reliées par un « cordon permanent » qui est comme un tuyau énergétique qui existe depuis la naissance des âmes. Ce cordon est un lien qui se situe au niveau de la poitrine.

Quand les Flammes Jumelles vivent un éloignement, elles restent liées par ce cordon, quoi qu'il arrive. Et ce lien ne peut pas être rompu au niveau subtil.

Quand il y a éloignement, les Flammes Jumelles peuvent par moments ressentir des sensations agréables ou désagréables au niveau de leur poitrine, et plus précisément vers le plexus solaire.

La sensation de tiraillement, de douleur et de brûlure est un symptôme fréquent observé quand il y a éloignement. C'est un peu comme si votre « cordon » était un élastique qui s'étirerait avec la distance.

La sensation que votre énergie coule et s'évacue de vous par le cordon peut aussi exister. Il est possible que votre Flamme Jumelle vienne puiser chez vous l'énergie vitale dont elle peut avoir besoin, et cela, consciemment ou inconsciemment, de façon naturelle.

Ce phénomène peut arriver si l'une des Flammes Jumelles est en manque d'énergie, qu'elle n'est pas très bien, qu'elle est malade ou qu'elle a simplement besoin de « se nourrir » d'une manière ou d'une autre. Elle va donc venir puiser dans l'énergie de sa Flamme Jumelle, naturellement, car elles sont liées.

Quand ce phénomène survient, vous pouvez vous sentir vidé et fatigué ensuite. Certaines personnes arrivent à sentir une sorte de « pulsation » au niveau du plexus. Il s'agit du débit d'énergie qui est pompé et qui coule par votre cordon.

Vous pouvez aussi ressentir que vous recevez de l'énergie par le cordon. Il s'agit du même phénomène que le précèdent, sauf que là, c'est vous qui puisez dans l'énergie vitale de l'autre pour vous nourrir énergétiquement.

L'éloignement est souvent très mal vécu chez les Flammes Jumelles. Là encore, cela va demander à chacune du temps et du travail pour parvenir à trouver la sérénité et l'équilibre quand elles vivent l'éloignement, que ce soit provisoirement ou bien dans le cadre d'une rupture.

Dans un premier temps, les personnes qui arrivent à trouver cet équilibre sont souvent celles qui arrivent à accepter et à lâcher prise sur ce qui est. Ensuite, si elles ne peuvent pas se rapprocher physiquement et géographiquement de leur Flamme Jumelle, elles y parviennent au niveau subtil.

Il est possible de travailler en soi pour mieux gérer cette séparation. Cela fait partie des problématiques que je traite au travers d'exercices dans le cadre des groupes d'accompagnement que j'organise et que j'anime.

Évolution spirituelle et éveil de conscience

Les Flammes Jumelles qui vivent une reconnexion vont sentir de grandes transformations s'opérer en elles et dans les différents aspects de leur vie. En entrant dans le processus des Flammes Jumelles, une grande opportunité d'évolution personnelle et spirituelle se présente à elles.

Ce phénomène de poussée de l'être s'accompagne souvent d'une période inconfortable, plus ou moins longue au travers d'étapes importantes.

Il y a les prises de conscience sur sa vie, son passé, ses schémas répétés, ses réussites, ses échecs, ses relations. Certaines personnes disent que c'est comme se réveiller un matin et y voir plus clair.

Il y a ce besoin de faire le ménage et le tri, que ce soit dans sa maison, dans sa vie, dans son travail, dans ses relations, dans ses priorités.

On retrouve aussi le réveil de la partie lumineuse qui stimule et affine l'intuition et la connexion à la Source divine et au Tout. Les Flammes Jumelles peuvent sentir que leurs dons, leurs qualités, leur puissance se révèlent chaque jour davantage au gré de leurs actions en elles-mêmes.

Morphing (spécifique)

Ce phénomène n'est pas le plus courant. Il s'agit d'un effet « morphing » qui se produit au sein du couple de Flammes Jumelles. C'est un peu comme si physiquement il se passait une sorte de fusion-transformation des deux personnes.

Pour mieux comprendre, pour nous, ce phénomène s'est surtout manifesté au début, lors des premiers mois suite à notre reconnexion. C'était comme si l'un pouvait déteindre sur l'autre, et inversement.

Par exemple, cela a commencé par les cheveux. Les miens sont châtains avec une tendance à tirer vers des reflets roux en été, et Ludovic, lui, a les cheveux poivre et sel. Ma chevelure a commencé du jour au lendemain à se parsemer de cheveux gris et blancs comme ceux de Ludovic. Quant à lui, il commençait à avoir des reflets roux dans ses poils de barbe et ses cheveux également, comme moi.

Il nous est arrivé le même type de phénomène passager au niveau de la couleur de nos yeux. Puis, sur d'autres aspects de nos personnalités, c'est comme si des traits de caractère de Ludovic déteignaient sur moi, et inversement. C'était assez étrange. Nous concernant, ce phénomène n'a été que passager.

On le rencontre aussi chez d'autres couples de Flammes Jumelles.

Les phénomènes fréquents

Réveil de la kundalini

Les personnes qui font une reconnexion de couple de Flammes Jumelles peuvent vivre, avant ou après, un réveil de la kundalini. Parfois, c'est la reconnexion qui provoque ce réveil, et parfois, c'est la kundalini qui aide à la reconnexion avec sa Flamme Jumelle.

Si ce phénomène peut se produire en lien avec une reconnexion à sa Flamme Jumelle, il est aussi possible de le favoriser dans le cadre d'un travail personnel et d'un cheminement spirituel.

Certains y parviennent notamment par le yoga, la méditation ou d'autres pratiques énergétiques.

Qu'est-ce que la kundalini ?

« Kundalini » est le nom donné en Inde à l'énergie vitale fondamentale créatrice de l'univers, qui existe en tout individu. Elle est symbolisée par un serpent. Et cette énergie endormie réside à la base, en bas de la colonne vertébrale.

Généralement, seule une petite partie de cette énergie circulerait dans nos corps. Quand l'énergie de la kundalini se réveille, le serpent qui à la base est enroulé va se dresser tout le long de la colonne vertébrale et activer sur son passage les sept chakras, qui sont les centres d'énergie.

L'énergie finit par sortir par le sommet du crâne. Si l'explication ici est très succincte et rapide, le cheminement de la kundalini, lui, demandera du temps et progressera par étapes.

Comment se manifestent les symptômes d'un réveil de la kundalini ?

Les personnes qui vivent ce phénomène peuvent le ressentir de différentes façons. Le réveil de cette énergie puissante peut durer de plusieurs semaines à plusieurs mois, et progresser par paliers. Un tel phénomène peut être aussi bien agréable par moments, quand il procure un sentiment d'extase et de grâce. Et il peut aussi être très désagréable, tellement il est puissant et présent.

Certaines personnes ne le vivent pas très bien, car cela les bouscule avec une grande intensité à tous les niveaux de leur être et de leur vie.

Quand la kundalini se réveille, on peut ressentir l'énergie avec parfois une sorte de chaleur remonter le long de la colonne vertébrale.

Ce phénomène peut s'assimiler à une mue. C'est à la fois une purification intense et une renaissance qui s'opère progressivement.

Chaleur, vibrations dans le corps, tremblements, sensation de vagues à l'intérieur de corps, ressentis de pulsions ou de battements vibratoires, picotements intenses ou fourmillements, excitation sexuelle profonde et orgasmes instantanés, même sans contact physique, font partie des symptômes physiques qui peuvent apparaître.

Les symptômes émotionnels et mentaux peuvent varier. L'individu peut passer d'un état émotionnel à un autre, tellement le phénomène est puissant. C'est d'ailleurs souvent très déstabilisant, car les personnes perdent leurs repères et se sentent alors totalement déboussolées.

C'est un véritable raz-de-marée intérieur et profond qui a un impact sur tous les aspects de leur vie. Parfois, elles vivent un sentiment de béatitude et de grâce profonde, avec une paix et un bien-être indescriptibles (partie lumineuse). Parfois, ce sont les vieilles blessures qui remontent, les peurs, les maux de l'être (partie sombre).

Les symptômes spirituels et subtils interviennent, car les personnes sont plus connectées à elles-mêmes, à leur essence divine et à la Source créatrice (Dieu, l'univers).

Elles ressentent une expansion de leur être, et cette sensation de faire partie d'un Tout. Elles se sentent concernées par elles-mêmes, mais aussi par toute forme de vie sur Terre.

Elles éprouvent alors un besoin présent et plus pressant de contribuer à « servir » le Tout, au travers de leur mission. Les personnes deviennent plus intuitives, conscientes, et peuvent développer des capacités subtiles et des dons de guérison, assez rapidement par la suite.

Les manifestations visuelles accompagnent une expansion de la clairvoyance, comme des flashs, des visions, des rêves, des apparitions de couleurs, de formes, de lumières, apparitions de ce qui habituellement est invisible aux yeux du plus grand nombre.

Les manifestations auditives accompagnent l'expansion de la clairaudience, avec apparition de sons, de musiques, de bourdonnements dans les oreilles, et parfois, des voix et des messages sont entendus.

J'ai reçu bon nombre de témoignages au sujet du réveil de la kundalini et entre autres du fait qu'une intense énergie créatrice sexuelle se réveille.

Cette énergie sexuelle n'est pas qu'un simple désir ou une envie. C'est une excitation qui parcourt et vit dans tout le corps, au plus profond des cellules, et vibre dans tous les plans de l'âme.

C'est comme si tout vibrait avec intensité, comme dans une transe. Certaines personnes ont des orgasmes instantanés pouvant durer. Tout cela, sans contact avec l'autre, ni même en sa présence.

Plus particulièrement chez les Flammes Jumelles, beaucoup m'ont rapporté qu'elles voyaient et ressentaient que leurs âmes, en tant que Flammes Jumelles, faisaient l'Amour sur les plans subtils.

Les deux personnes ne sont pas toujours conscientes de cela, parfois il arrive que seule une des deux soit en mesure de voir et de comprendre ce qui est en train de se produire.

La levée du voile des illusions

Suite à la reconnexion du couple, le phénomène de la levée du « voile des illusions » va rapidement se manifester.

À leur manière, chacune des âmes Jumelles va vivre des prises de conscience importantes, concernant sa propre personne, sa vie globalement, sa situation personnelle, professionnelle et spirituelle.

Elles vont vivre un éveil qui va leur permettre d'y voir beaucoup plus clair au niveau de tous les aspects de leur vie, et ainsi, de mieux comprendre les choses.

Souvent, cet éveil est vécu un peu comme un choc, car il est parfois difficile d'y voir plus clair en découvrant les illusions, les zones d'ombre et les énergies basses sur soi-même, sur sa vie ou encore sur ses relations.

À partir de cet instant, de grandes prises de conscience se font et vont mener très certainement à des décisions importantes et à des changements parfois radicaux dans la vie des âmes.

Pour la plupart, le cheminement personnel et spirituel commencera véritablement, activement et profondément à partir de ce moment-là.

Suite à notre reconnexion, j'ai commencé les jours suivants à vivre cet éveil avec la levée du voile des illusions.

Je l'ai d'abord très bien vécu, puisque c'était comme si un brouillard opaque et gris, qui m'empêchait de voir pleinement, disparaissait. J'y voyais beaucoup plus clair. La lumière et ma connexion avec la Source étaient du coup bien plus évidentes et limpides. Je ressentais un Amour absolu et une grande confiance, très agréable. Je me sentais ancrée, vivante et en paix.

Cela m'a transformée. Et mes proches me l'ont fait remarquer.

Seulement, voir plus clair m'a aussi causé une certaine douleur, car j'ai pu voir clairement les jeux de pouvoir qui s'opéraient autour de moi, avec moi. D'un coup, je voyais le véritable visage de certaines de mes relations, voyant au-delà de ce qu'elles voulaient bien me montrer, et identifiant leurs intentions, leurs mensonges…

Le plus étrange quand je voyais chez l'autre au-delà de ses apparences et de ce qu'il voulait bien montrer et faire croire, c'est qu'il savait qu'il était démasqué. Alors, la nature de la relation changeait complètement.

Je peux vous assurer que parfois, je me disais que j'aurais préféré ne pas voir et continuer à croire ce que j'avais envie de croire, à rester dans le paraître et non dans l'être. Mais j'avais à cœur de poursuivre, car je savais que nous avions, Ludovic et moi, une mission à accomplir, et que cette reconnexion ne s'était pas seulement produite pour nous satisfaire.

Nous avons toujours eu – et avons toujours – cette responsabilité en nous et au-dessus de nous. Renoncer n'aurait pas eu des conséquences uniquement pour nous-mêmes. Renoncer aurait eu des impacts et des répercussions bien plus grandes par rapport à ce que nous devons accomplir. Cette reconnexion était une première étape nécessaire, et si nous avons accepté de la vivre, c'est que nos âmes avaient pris l'engagement d'aller jusqu'au bout. Alors, nos ego peuvent vouloir renoncer. Mais pour nos âmes, nous nous battons et nous avançons pour rendre grâce à cet Amour divin et absolu et à ce que nous construisons pour les autres.

Cette levée de voile m'a permis de me voir, moi-même, et de voir mon autre, jusqu'au plus profond de nos âmes avec le phénomène d'amplification qui a suivi.

D'autres couples m'ont rapporté qu'ils avaient eu un choc de voir de façon si claire les illusions et les mensonges dans leur vie et autour d'eux. Ils ont aussi confirmé que cela leur avait permis de changer en travaillant en eux et en cheminant vers leur alignement. Et qu'à partir de cet instant, le retour en arrière était devenu difficile, voire impossible, quand on sait que l'on ne peut plus faire semblant.

Sorties de corps, ou décorporations

Ce phénomène est classé dans les « fréquents », car il arrive souvent pour les Flammes Jumelles, mais il peut aussi se produire de manière générale hors relation de Flammes Jumelles.

C'est un état modifié de conscience appelé « décorporation » ou OBE *(Out-of-Body Experience)*. Ce phénomène est plus connu sous le nom de « voyage astral ».

La décorporation, c'est quand la conscience sort du corps physique et qu'il est possible de voir ce dernier en spectateur de l'extérieur. Ce phénomène peut se manifester de manières différentes.

La sortie de corps peut se faire naturellement, mais aussi de manière provoquée consciemment par des disciplines comme la méditation, l'énergétique, etc.

Lorsqu'une sortie de corps a lieu, il est possible de voir son corps en train de dormir paisiblement et d'avoir la sensation de flotter en l'air en étant comme collé au plafond.

Le phénomène arrive aussi parfois lors d'un choc violent, comme un accident. Plusieurs témoignages existent à ce sujet. Des personnes qui ont subi un accident de voiture, par exemple, et qui ont assisté à la scène de l'intervention des secours, comme « d'en haut » en spectateur, en voyant leur corps étendu sur le sol.

C'est la sensation que la conscience sort du corps et va voyager ailleurs, dans d'autres dimensions, dans une autre réalité.

Chez les couples de Flammes Jumelles, ce phénomène peut se produire assez fréquemment.

Aura du couple de Flammes Jumelles

En général, on évoque l'aura d'une personne. Ici, il s'agit de l'énergie dégagée par l'aura du couple quand les Flammes Jumelles sont ensemble.

L'aura dégagée par un couple de Flammes Jumelles irradie d'une certaine lumière, qui peut interpeller les gens. C'est comme si un coup de projecteur était donné sur le couple au milieu de la foule.

Je reçois très souvent ce type de témoignages de différents couples, comme nous l'avons nous-mêmes vécu. Quand nous marchons côte à côte dans la rue, les gens se retournent sur notre passage pour nous regarder. Pourtant, nous n'avons aucune attitude particulière ni tenue vestimentaire ou autre qui puisse attirer le regard. Je me suis demandé à plusieurs reprises si je n'avais pas une tache au milieu de la figure ou quelque chose de totalement anormal. Mais non, tout était normal.

Souvent, les personnes nous font la réflexion qu'elles ressentent quelque chose de particulier et de fort quand elles se retrouvent avec nous.

Guidance

Nous sommes bien entendu tous ouverts à des perceptions d'ordre subtil, mais avec des nuances, selon notre propre sensibilité, nos croyances et aussi notre pratique dans ce sens-là.

Quand on devient plus connecté et sensible, on peut avoir accès à une guidance qui peut venir de notre propre partie lumineuse (notre âme), mais aussi par des Guides ou Êtres de lumière différents.

Concrètement, si vous apprenez à être attentif et à l'écoute, vous sentirez cette guidance qui vous éclaire, vous conseille, vous accompagne et même vous porte d'une certaine manière dans votre vie et dans cette relation de Flammes Jumelles.

Beaucoup de Flammes Jumelles sentent cet « éveil subtil » qui se fait au niveau de leurs perceptions, et commencent à sentir leur guidance.

Cette guidance peut se manifester avec force par moments, surtout pour vous aider dans cette relation de Flammes Jumelles. Si vous êtes attentif, vous sentirez peut-être que l'on vous crée parfois des opportunités qui semblent arriver comme par hasard.

Vous pouvez solliciter votre guidance, pour être accompagné et trouver votre chemin dans le brouillard. Faites-le naturellement, avec votre cœur. Votre guidance sera ravie de vous aider, et cela peut se manifester de toutes sortes de manières.

L'important ensuite est de rester à l'écoute et d'être attentif, car l'aide et les perches tendues ne sont pas toujours comme on peut les imaginer.

J'ai justement vécu l'une de ces opportunités, qui était pour moi tellement évidente que je l'ai saisie avec confiance quand elle s'est présentée.

C'était au début, après les retrouvailles avec ma Flamme Jumelle, Ludovic. Nous vivions avec intensité les nombreux phénomènes hors-norme de cette relation.

Il venait de m'expliquer, peu de jours avant, la notion de « Flammes Jumelles ». C'était quelque chose qui avait résonné en moi et que je commençais à comprendre et à intégrer.

Seulement, je vivais en couple avec quelqu'un. Et de plus, nous venions de nous installer ensemble dans une maison.

Les retrouvailles avec Ludovic me tombaient dessus comme ça. Bien qu'en couple, je savais très bien à ce moment que ce n'était plus qu'une question de temps pour que nous nous mettions en couple, Ludovic et moi, car je ne pouvais plus concevoir ma vie sans lui. Il prenait une place tellement importante auprès de mon être et dans ma vie qu'il n'y avait plus de place pour un autre.

Mais comment gérer ma situation personnelle et mon couple, maintenant que je savais ? Comment ne pas blesser l'autre, d'autant plus qu'il n'y avait pas eu de conflit ?

Ce que je souhaitais, c'était que tout se fasse le plus justement possible, le plus harmonieusement possible et dans le respect de chacun. J'ai donc demandé de l'aide à la vie et à mes guides.

C'est alors qu'un matin, mon compagnon se réveille et me dit qu'il ressent quelque chose de très étrange. Il me fait part d'un sentiment particulier : « J'ai comme l'impression que quelqu'un – une présence – dort la nuit entre nous deux… » Je précise que le jeune homme n'était pas spécialement ouvert, à ce moment, au monde subtil et énergétique, et qu'il n'était pas dans ses habitudes de sentir de telles choses.

Quand il m'a dit cela, j'ai été très surprise. Et j'ai compris tout de suite que ma guidance me tendait une « énorme perche ».

Je n'ai en fait pas trop réfléchi. Je me suis souvenue simplement de ce qui était le plus important pour moi : faire au plus juste, de façon respectueuse et harmonieuse.

Malgré ma peur et la spontanéité du moment, j'ai osé lui parler directement et sans détour. J'ai répondu de manière ouverte et bienveillante que « oui, c'était possible ». Et que je pensais savoir de qui il s'agissait.

J'ai alors abordé avec lui la notion de « Flammes Jumelles » et j'ai parlé de Ludovic. Je lui ai dit que nous n'étions pas en couple du tout. Il savait que je travaillais avec Ludovic depuis peu et il en entendait souvent parler. J'ai été transparente et je lui ai dit que sa présence en tant que Flamme Jumelle prenait beaucoup de place. Et que je savais qu'un jour, je serai en couple avec Ludovic, même si ce n'était pas encore le cas à ce moment-là.

Évidemment, il n'a pas tout compris sur le moment. Cela lui semblait impossible. Et il était bouleversé, je pense, d'entendre tout cela. Je n'avais rien calculé, et c'était désagréable de devoir passer par là.

Pourtant, je me suis sentie pleinement accompagnée et guidée dans mes paroles. J'avais confiance et j'ai osé, même si une partie de moi avait peur.

Tout est ensuite allé très vite, après cette discussion qui a été possible par la perche tendue de la part de ma guidance.

Cette guidance ne me quitte jamais, et j'ai appris à l'écouter pour en faire un compagnon de route sur mon chemin, sur notre chemin.

Remontées de mémoires karmiques

Ce phénomène est vécu par les Flammes Jumelles, mais pas uniquement. Des personnes qui se retrouvent dans le cadre d'une relation karmique, vivent très souvent ce type de remontée de mémoire karmique.

Les mémoires karmiques sont des souvenirs de vies passées. Elles peuvent se réveiller lorsque l'on se retrouve en contact avec une personne avec qui l'on a eu une relation karmique. Les mémoires karmiques peuvent aussi être réactivées lors d'une situation particulière.

Cela arrive chez les Flammes Jumelles bien souvent quand elles ont déjà vécu un karma commun, c'est-à-dire une histoire commune dans une vie passée. L'histoire commune n'est pas forcément une histoire d'Amour. Elle peut être tout autre.

Selon le vécu qu'elles ont eu et les expériences plus ou moins difficiles qu'elles ont traversées, il peut y avoir des mémoires négatives de ces vies à nettoyer. Ces expériences négatives vécues dans les vies passées agissent très fréquemment comme des poids invisibles et énergétiques, pouvant entraîner des peurs, des freins, des blocages, des conflits dans l'incarnation présente. Pour cela, il est bon de nettoyer ces mémoires karmiques afin de libérer les personnes de ces poids.

Comment se manifeste une remontée de mémoire karmique ?

Une remontée de mémoire peut se manifester sous forme de flashs ou de visions qui ressemblent à des souvenirs ; sauf que ces événements, vous savez que vous ne les avez pas vécus dans cette vie.

Elles peuvent aussi s'exprimer sous la forme de ressentis physiques, émotionnels, désagréables ou agréables, que vous constatez au contact de la personne alors que vous ne la connaissez pas dans cette vie. C'est comme si vous vous replongiez dans ce qui s'était passé dans les vies passées avec elle.

Dans ce livre, à plusieurs reprises, je vous ai expliqué que Ludovic et moi-même avancions en conscience. Cela signifie que nous ressentons, vivons, expérimentons ce que nous avons à ressentir, à vivre et à expérimenter, mais nous le faisons en portant notre conscience dessus. Cela permet de porter un regard en métaposition et d'envisager ce qui se produit sous un autre angle.

Dans le cas des remontées karmiques sous forme de ressentis et d'émotions, il est nécessaire d'en prendre conscience et de se demander si ces sensations sont attachées à l'instant ou si elles viennent d'un autre espace-temps, de vies passées.

Parfois aussi, il peut arriver que l'on ait un comportement inhabituel en lien avec la personne, comme une certaine agressivité ou colère alors que rien ne pourrait justifier cela dans la situation telle qu'elle est. Il peut s'agir dans ce cas d'un comportement automatique généré en réaction à une blessure qui ne vient pas d'ici et maintenant, mais d'une vie antérieure dont la mémoire karmique se réveille.

Par exemple, si dans cette vie passée, l'autre vous a trahi, vous ne vous en souviendrez pas consciemment, mais votre mémoire profonde, elle, oui. Vous réagissez donc par rapport à cette mémoire malgré vous en remettant ici et maintenant un contexte qui n'a plus lieu d'être et qui appartient à une vie antérieure. Dans cet exemple, nous voyons bien comment une mémoire karmique peut être un poids, un blocage dans cette vie incarnée, et donc l'importance de se libérer de celle-ci.

Suite à notre reconnexion, Ludovic et moi avons vécu des remontées de mémoires karmiques assez intenses et présentes. Ce phénomène n'était pas nouveau pour moi. Pour lui, ce n'était pas spécialement habituel.

La grande particularité que nous avons vécue fut que nous pouvions voir les mêmes « flashs » souvent au même moment. C'est comme si nous étions l'un et l'autre projetés ensemble, au même moment, dans un même film dont nous étions les acteurs. Ces morceaux de vies passées défilaient devant nous. C'était très profond et intense, car c'était un mélange de flashs et de sensations puissantes et très présentes.

Cette particularité nous a aussi permis de voir et de comprendre ce qui pouvait générer tel ou tel comportement en nous, tel ou tel blocage, telle ou telle peur. Et ainsi, nous avons pu traiter ces mémoires karmiques à nos deux niveaux. Dans notre cas, pour cela, nous avons travaillé avec l'énergie reiki et l'énergie ChristAll.

Il arrive que des personnes qui ne sont pas forcément très ouvertes et sensibles vivent aussi ce phénomène. Les Flammes Jumelles ont pour la plupart déjà vécu des rencontres dans des vies passées. Donc, il y a généralement des mémoires karmiques qui existent.

Je vous conseille de traiter ces mémoires karmiques de manière à libérer les poids, les conflits et autres blocages possibles qui viennent du passé et qui n'ont plus forcément lieu d'être aujourd'hui dans votre relation de Flammes Jumelles. D'autant plus que ces mémoires karmiques non nettoyées vont venir nuire fortement à votre cheminement vis-à-vis de vous-même et de votre relation avec votre Flamme Jumelle.

Vous pouvez pour cela utiliser les outils de votre choix pour y travailler. Je ne les connais pas tous, bien entendu, mais c'est en tout cas possible avec une approche énergétique comme le reiki.

Comme des « parties » de sa Flamme Jumelle

Je l'ai déjà évoqué précédemment, il arrive très souvent que l'on retrouve dans sa Flamme Jumelle un ensemble de critères réunis que l'on retrouvait séparément chez différentes personnes que l'on a connues et que l'on a fortement appréciées. C'est comme si la Flamme Jumelle était un puzzle finalisé reprenant l'ensemble des pièces que nous recherchions.

Ces ressemblances peuvent être de l'ordre du physique, du comportement ou du caractère.

J'ai retrouvé ce phénomène chez un grand nombre des couples de Flammes Jumelles, par exemple chez cet homme qui raconte son expérience :

« J'ai été surpris de retrouver chez ma Flamme Jumelle l'allure physique de mon premier amour d'enfance, puis la même tache de naissance que ma femme ou encore le même caractère d'une femme dont j'étais amoureux plus jeune. C'est comme si ces femmes avaient un petit bout de ma Flamme Jumelle. »

J'ai interrogé ma guidance à ce sujet. Elle m'a expliqué que notre âme sait qui est notre Flamme Jumelle et comment elle est. De ce fait, au cours de notre vie, nous la recherchons, et souvent, nous sommes inconsciemment attirés chez d'autres partenaires par des traits de ressemblance avec notre Flamme Jumelle.

Quand j'étais enfant, j'ai eu la chance de ressentir ce lien fort avec ma Flamme Jumelle et de l'entretenir naturellement, même si je n'avais à l'époque pas connaissance de cette notion de « Flammes Jumelles ».

Voici un autre beau témoignage qui illustre bien ce sujet.

Un homme m'a rapporté qu'adolescent, il aimait beaucoup dessiner et qu'il avait un jour représenté une femme. Il l'avait dessinée avec les cheveux longs, le corps fin et sculpté comme celui d'une sportive, avec un grain de beauté placé sur le visage à un endroit bien précis.

Bien plus tard, il rencontra sa Flamme Jumelle qui n'était autre que la manifestation très ressemblante de son dessin.

Cet exemple illustre parfaitement et poétiquement que notre âme sait qui est sa Flamme Jumelle, même si notre partie humaine ne s'en rend pas compte consciemment.

Les phénomènes basiques

Synchronicités

Les synchronicités sont comme des coïncidences, des hasards qui n'en sont pas.

Dans la relation de Flammes Jumelles, nous en retrouvons beaucoup. Elles sont comme des signes, comme des petits messages qui guident les Flammes Jumelles dans leurs retrouvailles, et ensuite, dans leur relation.

C'est un phénomène qui ne concerne pas uniquement les Flammes Jumelles. Mais il est plus important encore dans le cadre des Flammes Jumelles d'être attentif à ces synchronicités.

Nous avons vécu de nombreuses synchronicités dans notre couple de Flammes Jumelles, comme bien d'autres couples, d'ailleurs. Je pourrais vous citer une multitude d'exemples, mais je vais vous raconter ici ce qui a le plus de sens par rapport à notre reconnexion et qui montre bien la puissance de ce qui est orchestré pour qu'elle puisse s'opérer.

L'une des plus belles, des plus incroyables et des plus puissantes que nous ayons vécues est l'enchaînement qui a amené notre rencontre.

Un jour, une amie médium qui séjournait chez moi m'a laissé un Post-it avec le prénom et le nom d'un monsieur, qui n'était autre que Ludovic. Elle m'a juste précisé que je devais prendre contact avec lui. Elle sentait qu'il y avait quelque chose en lien avec mes projets professionnels.

Je ne savais absolument rien de plus, pas de numéro de téléphone, pas d'adresse e-mail. J'ai tapé son nom et son prénom sur Internet pour le trouver. Et je lui ai envoyé un message sans savoir pourquoi et ce qui allait se passer.

Nous avons donc échangé par e-mails sans trop savoir pourquoi, puis avons décidé de nous rencontrer autour d'un projet, qui s'est révélé être, depuis, notre mission commune.

Raconté ainsi, le chemin qui a mené à notre rencontre n'a rien de formidable et rien d'étonnant. Pour que cela puisse prendre tout son sens, il faut ajouter la partie vécue par Ludovic.

Ludovic travaillait sur un projet autour de l'accompagnement des thérapeutes pour leur permettre de se mettre à leur compte, et surtout, de se développer de façon alignée avec qui ils sont, et de pouvoir en vivre.

Une de ses amies l'avait invité à rencontrer une personne qui avait un projet autour de la création d'un centre de bien-être. Après avoir hésité à contacter cette personne et après plusieurs relances de son amie, il décide de la rencontrer pour échanger et pour expliquer son projet.

Le projet ayant intéressé cette personne, elle lui demande de revenir pour rencontrer deux autres amies à elle qui travaillent avec elle sur leur projet, et leur expliquer à nouveau son projet. C'est ce qu'il a fait quelques semaines plus tard.

Les trois personnes semblent emballées par son projet. Mais une question subsiste… Est-ce que Ludovic, cet homme qu'elle ne connaissait pas avant, est fiable ?

Pour le savoir, elles décident sans se concerter d'aller consulter une médium à plus de 100 km de la ville où elles habitaient. Et cette médium était… mon amie. Que de chemin pour relier Ludovic à moi-même !

Je pourrais m'arrêter là, mais cela a été encore plus loin. L'adresse que j'avais trouvée sur Internet était une adresse que Ludovic n'utilisait plus depuis longtemps.

Alors qu'il rentrait de congés, il décide de consulter cette boîte aux lettres qu'il n'ouvrait plus depuis des mois. Pourquoi l'a-t-il fait ? Parce qu'il s'est senti poussé à le faire.

Et il est tombé sur mon message au milieu d'une multitude de spams – quand on sait comment et à quelle vitesse se remplit notre boîte e-mail –, un message qui datait déjà de plusieurs jours et dont le contenu était relativement vide : « *On m'a dit de vous contacter, mais je ne sais pas pourquoi.* »

Il n'a pas répondu tout de suite. Mais il était poussé à le faire, alors il l'a fait au bout de plusieurs jours.

Nous sommes admiratifs encore maintenant de la puissance de cette orchestration pour nous mener vers notre rencontre, même si aujourd'hui nous ne sommes plus étonnés quand de telles orchestrations au premier regard improbables se mettent en place dans notre vie pour nos projets.

Je ne peux que vous renouveler mon conseil d'être attentif et à l'écoute de ces synchronicités qui se présentent à vous.

Reconnaissance des âmes

Quand un couple de Flammes Jumelles se retrouve, ce sont les âmes qui se reconnaissent en premier, bien avant que la conscience humaine ne fasse la reconnaissance à son tour. La rencontre avec sa Flamme Jumelle n'a rien de commun avec ce que l'on a pu connaître auparavant, en termes de relation amoureuse ou de tout autre type de relation.

D'ailleurs, comme je l'ai expliqué déjà, votre Flamme Jumelle peut être très différente de vous, et très différente de vos critères de sélection habituels concernant la recherche de votre partenaire amoureux.

Je me souviens très bien de la première fois où j'ai rencontré Ludovic. Il était très différent de moi, même à l'opposé, au premier abord. Pourtant, je me suis tout de suite sentie à l'aise, « comme chez moi ». Et surtout, je me suis sentie Moi, en sa présence.

J'ai eu, dès les premières secondes, la sensation de le connaître depuis toujours. C'était une sensation agréable. Le contact était authentique et naturel.

Ce qui était assez étrange, c'était de parler avec tellement de facilité et de profondeur dès le début, un peu comme nous pourrions le faire avec notre meilleure amie que l'on connaît depuis toujours, alors même que j'étais face à un inconnu.

Beaucoup d'autres personnes ont pu témoigner avoir ressenti elles aussi comme si une partie d'elles « reconnaissait » cet autre. Et je retrouve dans leurs témoignages les mêmes signes, ressentis et impressions que j'avais moi-même vécus.

J'explique souvent qu'il est très rare de retrouver sa Flamme Jumelle en cherchant sur un site de rencontres. La démarche de recherche de sa Flamme Jumelle n'est pas la même, dans le sens où notre Flamme Jumelle n'est pas le résultat de critères de sélection cochés selon ce que nous recherchons et souhaitons. Il ne s'agit pas de cocher des cases comme sur un site de rencontres : sportif, intellectuel, fumeur ou non-fumeur, yeux bleus, verts ou marron, etc.

Rappelez-vous, votre Flamme Jumelle n'est pas forcément la personne imaginée comme étant votre « idéal » – féminin ou masculin – tel que vous pourriez le concevoir aujourd'hui au travers de vos filtres, de vos illusions, de vos besoins non couverts… Votre Flamme Jumelle est l'idéal de votre âme.

Avoir une « connexion » et un lien spécial

Si vous ressentez un lien particulier et profond, pouvant paraître incompréhensible, car subtil, vous liant à une personne, vous vivez certainement une connexion avec l'un des différents types de relation que nous avons vus précédemment (âme sœur, relation karmique, Flamme Jumelle).

Il s'agit d'un signe basique, qui n'est pas seulement propre à une relation de Flammes Jumelles, mais que l'on peut aussi bien ressentir avec une âme sœur ou une relation karmique. Cela se caractérise par la sensation d'être comme connecté à une autre personne, d'avoir un lien plus profond et subtil avec elle.

Informations utiles

La place du libre arbitre

Les deux âmes sont intimement liées, et quand elles vivent les retrouvailles, elles ressentent une envie irrésistible de se revoir.

Cela étant, il arrive que certaines personnes ne se sentent pas prêtes à accepter ce qu'elles découvrent, à vivre une relation amicale ou amoureuse avec leur Flamme Jumelle, pour des raisons propres à elles-mêmes.

Les Flammes Jumelles sont liées au niveau de leur âme, quels que soient les choix des personnes. Je vous rappelle que chacun a son libre arbitre sur Terre. Chacun peut décider de faire ou de ne pas faire.

Certains me disent qu'ils n'ont pas le choix, et que ce sont les autres qui décident à leur place. Si les autres décident à votre place, c'est que vous avez fait le choix de laisser les autres décider. Nous sommes tous responsables de nos choix et de nos non-choix, qui en réalité sont des choix.

Pour cela, chaque Flamme Jumelle en tant que personne a le choix d'avancer à son rythme et de vivre la relation comme elle le décidera au cours de cette incarnation.

Certains couples de Flammes Jumelles ont décidé de vivre leur vie chacun de leur côté et parfois même de vivre l'Amour du couple avec un autre partenaire. Certaines vivent une double vie, en étant à la fois avec leur conjoint et avec leur Flamme Jumelle.

Il arrive aussi que des couples se rencontrent, mais qu'ils ne soient pas prêts à vivre quelque chose au moment de la rencontre. Il est parfois nécessaire, effectivement, une fois cette reconnexion effectuée, que chacune puisse suivre son cheminement et se préparer en tant qu'être incarné à cette réUNion. Dans ce cas, leurs chemins se recroiseront plus tard.

J'ai également eu des témoignages de couples de Flammes Jumelles avec un écart d'âge très important comme vingt-cinq ou trente ans, voire bien plus. Ce n'est alors pas forcément évident d'envisager une relation amoureuse en tant que couple. Leurs récits étaient beaux et pleins d'Amour. Leur Amour vibrait intensément et inconditionnellement, même si ce n'était pas vécu comme l'Amour d'un couple amoureux tel que l'on peut le concevoir ici sur Terre.

N'oubliez pas que l'essence est l'Amour divin, et cet Amour divin n'est pas accessible exclusivement aux couples terrestres. Cet Amour divin est accessible à tous. Et comme je vous l'ai déjà expliqué, il prend ses racines et son essence au sein du cœur de chacun, qui saura et qui œuvrera pour le libérer et le faire émerger à la surface de son être pour qu'il irradie de sa puissance tout ce qui est autour de lui.

Alors, même si les Flammes Jumelles ne sont pas en couple dans une relation amoureuse comme nous pouvons le concevoir ici sur Terre, l'Amour divin émanant de chacun peut permettre la cocréation que j'ai déjà évoquée.

L'Amour idéal ?

Depuis quelques années maintenant, on entend parler de plus en plus des notions de « couple sacré », d'« Amour divin » et de « Flammes Jumelles ». Il y a beaucoup de mystères, de rêves, de romantisme et même parfois d'ésotérisme autour de cette idée de l'Amour divin. Mais il y a aussi beaucoup de croyances et d'illusions.

De plus en plus de personnes sont en quête de cet Amour véritable, de cet Amour parfait qui donne l'idée du couple idéal et idyllique, en étant convaincues que tout ira enfin bien quand les retrouvailles avec leur Flamme Jumelle seront faites.

Seulement, même si cette relation a quelque chose d'hors-norme et qu'elle est magique, la vivre véritablement n'est pas si évident. Elle est, comme vous l'avez sûrement compris et peut-être même vécu, bien complexe.

Il arrive d'ailleurs que certaines personnes qui rencontrent leur Flamme Jumelle se disent qu'elles auraient préféré ne pas la retrouver, car au final cette rencontre ne correspond pas à leurs attentes et idéaux en tant que personnes et apporte plus de souffrances que de plaisirs.

L'idéal humain : homme-femme

En tant qu'êtres humains, selon notre parcours de vie, nos goûts, nos rêves, nos affinités et notre caractère, nos besoins, nos envies, nous nous sentons attirés vers des profils de personnes plutôt que d'autres, soit inconsciemment, soit dans une recherche active.

Il suffit d'ailleurs de regarder comment fonctionne un site de rencontres sur le Net. Vous choisissez des critères physiques, des affinités, un statut, et comme par miracle, on vous sélectionne les profils idéaux.

Dans la recherche de l'idéal, je vous invite à revoir la partie concernant l'Amour par le vide et l'Amour par le plein. En général, ce que l'on recherche a pour but d'équilibrer nos déséquilibres inconscients. La recherche est l'expression par des critères des besoins, des envies, de la culture et de l'éducation, parfois aussi.

Vous pouvez faire cet exercice. Listez ce que vous attendez de la personne idéale et notez en face ce que cela vous permettrait. Par exemple, je souhaite un homme musclé, car je pourrais me sentir en sécurité dans ses bras. Et ensuite, dans cet exemple, je vous invite à visiter la source de cette insécurité qui vous donne le besoin d'être sécurisée.

L'idéal de l'âme

Une Flamme Jumelle n'est pas un idéal masculin ou féminin. Le plus souvent, les couples de Flammes Jumelles qui témoignent me disent que normalement, que ce soit d'un point de vue physique, de personnalité ou encore d'affinité, ils ne se seraient pas sentis naturellement attirés par cette personne si finalement elle n'avait pas été leur Flamme Jumelle.

L'affinité avec leur Flamme Jumelle est profonde et n'a rien d'habituel. D'ailleurs, cela peut même parfois sembler totalement irrationnel pour certains.

L'idéal d'une Flamme Jumelle est simplement sa Flamme Jumelle. Et tout cela a pris racine dans d'autres plans.

Unis pour le meilleur et pour le pire

Vous avez très certainement déjà entendu cette phrase : « unis pour le meilleur et pour le pire ». Elle est prononcée lors d'un mariage, tout du moins ici, en France.

J'ai employé ces mots, car ils ont un sens particulièrement profond chez les couples de Flammes Jumelles. Je ne parle pas des Flammes Jumelles qui se marient. Je parle ici du lien naturel et indélébile qui les lie.

Mais quand un couple vit la reconnexion, les deux Flammes Jumelles sont unies pour le meilleur et pour le pire. Puisque de la dualité, la réUNion fait passer à l'UNité, ce qui touche l'un va aussi toucher l'autre. Et cela même pour les Flammes Jumelles qui ne sont pas réunies en couple dans cette vie terrestre. Et même si elles sont séparées par la distance, ce qui rend cette relation si complexe.

Comme nous l'avons déjà vu précédemment, l'une des particularités des Flammes Jumelles est qu'elles vivent le phénomène de « double existence ». Cela veut dire que quand l'une vit ses propres états (d'ordre physique, émotionnel, mental et spirituel), elle ressent et vit aussi les états de son autre.

Concrètement, cela veut dire que si sa Flamme Jumelle vit une souffrance d'ordre physique (maux de dents, par exemple) ou émotionnel (profonde tristesse, par exemple), l'autre peut partager sa douleur.

Ce phénomène est valable pour ce qui est agréable (« pour le meilleur… ») et pour ce qui est également désagréable (« et pour le pire »).

L'autre signification est que si dans la vie, il est possible de divorcer si le pire est trop pénible dans le couple, dans le cadre des Flammes Jumelles, vous êtes liés pour l'éternité. Par conséquent, un divorce, une séparation ou un éloignement ne changera rien.

J'ai évoqué à plusieurs reprises la valeur du courage, de la persévérance, de la foi, de la bienveillance, du pardon et de l'Amour. Ce sont tous les ingrédients nécessaires pour chacun par rapport à son propre cheminement, et ce sont les mêmes éléments nécessaires pour affronter le pire dans la relation elle-même.

Dans notre cas, à Ludovic et à moi-même, nous sommes aussi passés par des phases de « pire ». Heureusement d'ailleurs, sinon nous serions restés dans les illusions. Nous ne nous sommes jamais quittés. Je vous assure que c'est encore plus difficile à vivre quand vous ne pouvez pas prendre le large.

Toujours grâce à notre position consciente de ce qui se passait en nous et entre nous, nous savions que ce qui provoquait ce « pire » venait d'une partie d'ombre en nous. Nous aurions pu fuir, décider de nous séparer. Mais à quoi bon, car nous savions que nous étions liés.

Alors, comme nous étions liés et que le processus implique de travailler et d'agir fortement sur nos parties sombres, nous nous sommes servis du pire pour aller chercher profondément en nous ce qui provoquait cela, afin de le transmuter en lumière.

Dans ces moments de pire, ce qui était incroyable, c'est que nous sentions cet Amour divin qui enveloppait l'ensemble.

Le pire est là pour ébranler nos certitudes, nos illusions, nos schémas limitants. Acceptez de vivre le pire avec l'intention non pas de le subir, mais au contraire d'en faire votre allié pour transmuter ce qui se cache derrière.

Les Flammes Jumelles sont reliées pour le meilleur et pour le pire, afin de devenir et de construire le meilleur pour elles et pour l'humanité.

Des « Jumelles siamoises » de par leurs âmes

Les Flammes Jumelles sont comme des jumeaux siamois, mais sur les plans subtils et non sur le plan terrestre.

Les jumeaux siamois, comme nous les connaissons, sont des jumeaux qui ont grandi dans le ventre de leur mère ensemble. En tant que jumeaux siamois, ils sont aussi collés par une partie de leur corps physique. Ils sont deux êtres, avec leur propre identité, mais liés intimement par leur corps physique. Ce qui concerne l'un concerne donc aussi l'autre, puisqu'ils ne font qu'un, d'une certaine manière.

Les jumeaux siamois divins viennent du même « cocon divin » qui pourrait être comme le ventre de la mère. Chaque âme a eu une période de gestation avec sa Flamme Jumelle dans un même cocon divin.

Les deux âmes sont donc nées en même temps, mais cela n'a rien à voir avec la naissance terrestre. Cependant, cela veut dire qu'en plus d'être des âmes Jumelles, elles sont aussi siamoises de par leurs âmes. Elles ne sont pas collées par une partie de leur corps physique comme les véritables jumeaux siamois terrestres, mais très intimement liées par leurs âmes. Ce qui implique donc que ce qui touche et concerne l'une d'entre elles concerne aussi l'autre.

Pour imager : cela veut dire que vous vous retrouvez à vivre et à porter aussi bien vos propres « états » (physique, émotionnel, mental spirituel) et blessures que ceux de l'autre. Vous ne faites pas que les ressentir de l'extérieur, mais vous avez l'impression que cela vient de l'intérieur de vous-même, et selon votre sensibilité, vous pouvez avoir la sensation présente de le vivre dans votre propre chair. Vous avez chacun vos propres bagages, avec votre histoire, vos blessures personnelles… tout comme votre Flamme Jumelle. Puis, vous vivez la reconnexion des Flammes Jumelles qui fait que cela ravive et amplifie la connexion du lien qui existait déjà entre vous, le couple de Flammes Jumelles. Cette reconnexion est comme un mariage, une réUNion, qui fait que vous redevenez Un. Cela implique alors, que vous le vouliez ou non, que vous êtes Un, et vous êtes dans une même barque avec toutes vos valises. Maintenant, pour avancer, il va falloir réapprendre à naviguer ensemble d'une manière ou d'une autre.

Attention : ce qui touche l'une ne prend pas forcément tout à fait la même forme chez l'autre. Il y a un impact, certes, mais pas aussi impliquant. Si l'une meurt, cela ne veut pas dire que l'autre va mourir aussi. Il en est de même pour des blessures ou des maladies graves.

Quand travailler en soi agit aussi en l'autre

Ce que j'ai observé de notre expérience et des Flammes Jumelles que j'accompagne, c'est que le travail qui peut être effectué en soi a un impact aussi chez l'autre.

Ce que j'explique ici est important. C'est une motivation supplémentaire pour les Flammes Jumelles qui ne vivent pas le plein équilibre avec leur autre, et qui peuvent se demander à quoi cela sert de s'être reconnectés, d'être liés et de ne pas être ensemble quel que soit le type de relation entre elles.

Très souvent, j'observe que les personnes se découragent. Soit elles sombrent dans un grand désarroi, soit elles tentent de passer à autre chose en revenant à ce qu'elles faisaient et étaient avant cette reconnexion. Agir ainsi, c'est comme nier et fuir l'évidence, comme je l'ai expliqué plusieurs fois dans ce livre. Il y a peu de chances pour que vous soyez pleinement heureux. Peut-être simplement arriverez-vous à en avoir l'illusion.

Renoncer à ce processus PURE™ dès lors que la reconnexion s'est opérée, parce que votre Flamme Jumelle n'est pas dans l'acceptation ou bien parce que vous ne pouvez pas vivre en couple avec elle, est regrettable.

C'est dommage, parce que, comme je l'ai déjà expliqué, cette reconnexion est une chance, une opportunité qui vous est donnée pour accéder à une dimension supérieure de l'Amour pour votre propre bien et pour le bien de tous ceux qui sont autour de vous et qui profiteront de cet Amour divin émergeant de vous.

C'est dommage également, car lorsqu'une Flamme Jumelle travaille et agit en elle dans le cadre du processus PURE™, cela a également un impact chez l'autre Flamme Jumelle. N'oubliez pas que vous êtes reliés en permanence.

Très souvent, quand je travaille en énergétique sur une zone d'ombre spécifique chez une Flamme Jumelle, cela va avoir également une action de guérison chez l'autre Flamme Jumelle. Au-delà du fait que les Flammes Jumelles sont reliées, cela vient aussi du fait qu'elles ont souvent expérimenté au cours de leurs différentes incarnations les mêmes situations et qu'elles gardent souvent les mêmes stigmates.

Imaginez qu'une zone d'ombre soit attachée énergétiquement à une relation d'une vie passée avec votre Flamme Jumelle. La relation passée étant la source et la relation vous liant tous les deux, cela signifie que cette zone d'ombre est également présente chez l'autre de façon consciente ou inconsciente.

En travaillant et en transmutant en lumière cette zone d'ombre qu'était la relation, vous allez libérer un nœud qui était présent chez chacune des Flammes Jumelles. Par conséquent, l'autre sera impacté par ce travail et par cette purification karmique effectuée par l'une des Flammes Jumelles.

Votre reconnexion a un sens. Alors, saisissez cette opportunité, suivez le processus PURE™ et révélez à vous-même et aux autres cet Amour divin qui sera l'énergie de toute chose. Faites-le, même si votre Flamme Jumelle est réticente pour le moment. Vous le faites avant tout pour vous-même et ainsi, vous permettrez aussi à votre Flamme Jumelle d'évoluer au travers de vos avancements.

De l'autre côté du voile : incarnée-non incarnée

Il peut arriver qu'une Flamme Jumelle, avant ou après la reconnexion du couple, meure. Quoi qu'il arrive, le « cordon permanent » qui est le lien subtil entre les deux âmes n'est pas rompu. Et même, il perdure, et cela, malgré le temps qui passe et la séparation physique. Un lien de Flammes Jumelles ne peut pas se couper.

Si le couple de Flammes Jumelles a vécu la reconnexion avec tout ce que cela comporte comme signes et phénomènes et aussi le processus des Flammes Jumelles, et que l'un décède, cela n'annule pas les effets de la reconnexion.

Le fait que l'une des Flammes Jumelles parte de l'autre côté du voile n'est que la mort du corps physique, et non de l'âme (la mort = « l'âme hors »). Les effets vécus dans une relation de Flammes Jumelles, comme la communication d'âme à âme, ou bien le fait de ressentir la présence de son âme, de bénéficier de son aide, peuvent perdurer et certains même s'amplifier.

J'ai accompagné une femme qui avait vécu la reconnexion avec sa Flamme Jumelle et qui a été séparée par la mort. À l'époque, elle n'était pas très ouverte à tout ce domaine subtil et à cette notion de « Flammes Jumelles ».

Après le décès de sa Flamme Jumelle, elle a vécu une poussée de l'être fulgurante avec un éveil de ses perceptions. Après plusieurs années de séparation par la mort, elle n'a jamais cessé de ressentir sa présence, son aide et sa guidance. Elle a su développer peu à peu une communication d'âme à âme avec sa Flamme Jumelle, alors qu'elle n'était pas très ouverte à tout cela auparavant.

Bien sûr, la déchirure de la perte de sa Flamme Jumelle est douloureuse. Il ne faut alors pas oublier que l'Amour est là, bien présent, tout comme sa présence palpable.

Le voile de la mort ne sépare pas les Flammes Jumelles. Une Flamme Jumelle désincarnée aime et aide sa Flamme Jumelle, qu'elle soit elle aussi désincarnée ou incarnée.

L'Amour divin et le lien qui unissent le couple sacré des Flammes Jumelles ne connaissent ni la notion de temps, ni celle d'espace. Elles sont liées ici et maintenant.

L'enfant des Flammes Jumelles

Les âmes qui décident de s'incarner dans un couple de Flammes Jumelles sont des enfants qui arrivent avec une conscience spirituelle bien avancée. Pour beaucoup dans la génération actuelle, ils sont et vont être des « enfants Cristal ». Ce sont des êtres dotés d'une belle sensibilité énergétique, qui seront bien connectés à leur Essence divine et à la Source. Ces enfants vont ouvrir une voie naturellement vers une nouvelle génération plus consciente et basée sur les qualités de l'Amour.

Cela étant, rappelez-vous les impacts de votre éducation. Aujourd'hui, quand on traite des freins, des blocages, des croyances limitantes, on s'aperçoit qu'ils viennent en grande partie de l'éducation reçue et de l'inconscient collectif.

Cela signifie qu'en tant que couple de Flammes Jumelles et en tant que parents, nous avons un rôle important à jouer dans la pleine réalisation de l'âme de nos enfants dans le cadre de l'accomplissement de sa mission sur Terre.

Je suis tombée enceinte de notre premier enfant très rapidement après que nous nous soyons mis en couple, avec Ludovic. Dans notre cheminement, nous avons toujours – et nous continuons – tenu compte du rôle et de notre mission vis-à-vis de nos enfants.

Et si nous voulons être capables de permettre à nos enfants de se connecter à l'Amour divin au sein de leur cœur, il est nécessaire que nous ayons nous-mêmes parcouru ce chemin suffisamment pour les accompagner dans cet Amour divin. C'est parce que nous avions conscience de cela, que nous avons à chaque fois dépassé et transmuté le pire et les zones d'ombre pour être prêts pour chacun, pour nous et pour les enfants. C'était aussi une motivation profonde qui nous encourageait à ne pas renoncer. Et nous en sommes récompensés.

Je vous rappelle ce que je vous ai expliqué : les Flammes Jumelles ne se réunissent pas uniquement pour leur propre cocréation et leur propre satisfaction. S'il existe de plus en plus de reconnexions entre Flammes Jumelles, c'est parce que ces couples ont quelque chose à accomplir de bien plus grand et de bien plus important que le simple fait de vivre pleinement l'Amour entre eux.

Ce qui se passe en ce moment et qui semble s'accélérer concernant l'augmentation des reconnexions a pour but de préparer à une phase suivante que je ne dévoilerai pas ici dans ce livre, car ce n'est pas le sujet, et qu'il ne faut pas brûler les étapes, même si je sais que nous avons tous envie d'être arrivés avant même d'être partis. N'oubliez pas que la richesse et l'évolution sont dans le cheminement, pas dans le point d'arrivée.

Questions et réponses

N'avons-nous qu'une seule Flamme Jumelle ?

Certains pensent qu'il existe plusieurs Flammes Jumelles, dont une « primordiale » et d'autres secondaires, pour une seule et même personne. On trouve plusieurs théories sur Internet à ce sujet.

Je ne dis pas que ces personnes ont tort, ni que je détiens moi-même la vérité. Cela étant, je ne partage pas cette théorie.

Je pense que nous avons chacun en tant qu'âme, une seule et unique véritable Flamme Jumelle, que d'autres appellent « la Flamme Jumelle primordiale ».

Voilà maintenant aussi plusieurs années que nous travaillons, Ludovic et moi, à une meilleure compréhension des Flammes Jumelles au travers de notre histoire, de nos expériences et de nos cheminements en conscience individuelle et commune, et en analysant et en extrayant ce qui émerge des échanges et des expériences des autres Flammes Jumelles. Je travaille aussi avec ma guidance que j'interroge et qui me guide vers des éléments de réponse.

À ce jour, je n'ai eu ni information, ni vu dans le cadre de mon accompagnement une personne avec une Flamme Jumelle autre que sa véritable Jumelle.

Quand il y avait confusion, il apparaissait en travaillant sur le lien que c'était généralement un autre type de lien, comme une âme sœur, une relation karmique ou Flamme sœur.

Effectivement, ce qui peut se confondre le plus avec une véritable Flamme Jumelle, c'est le lien de Flamme sœur qui est sur une même vibration et même, qui comporte plusieurs signes spécifiques des Flammes Jumelles.

Ce sont peut-être ces Flammes sœurs que certains prennent pour des Flammes Jumelles secondaires.

Quel sens donner à la reconnexion quand on ne peut pas vivre avec sa Flamme Jumelle ?

À plusieurs reprises, j'explique que vivre en couple sur Terre n'est pas la finalité absolue des couples de Flammes Jumelles. Ce qui est important, c'est la reconnexion et tout ce qu'elle va provoquer et engendrer au niveau de chacune des Flammes Jumelles.

Vous avez compris que dès la reconnexion entre les deux Flammes Jumelles, il y a un processus qui s'enclenche au niveau de chaque personne. Et chacune a un travail à accomplir en elle-même pour lever les illusions, faire émerger ses zones d'ombre, les transmuter en lumière, se reconnecter à son essence divine et faire émerger de son cœur l'Amour divin.

Et une fois que tout cela est réalisé, la personne peut vivre totalement alignée avec son âme et ainsi accomplir pleinement en conscience sa mission qui dépasse sa propre vie et qui sera bénéfique pour un grand nombre de personnes.

Alors, si tout semble ne pas avoir de sens, il y en a bien un en réalité. Et tout ce travail nécessaire pour y parvenir est un travail que chacune des Flammes Jumelles doit opérer en elle-même.

Je vous rappelle que la reconnexion va être un accélérateur important en vous dans l'éveil et dans l'ascension de votre être, et cela, indépendamment du fait que vous viviez en couple ou non avec votre Flamme Jumelle, sachant que vous êtes de toute façon liés.

Cela étant, vous disposez de votre libre arbitre. Cela signifie qu'au lieu de voir l'opportunité de vous éveiller et d'avancer pleinement vers vous-même, vous pouvez alimenter votre partie sombre en vous en remettant à votre douleur liée au fait de ne pas vivre ensemble.

Peut-on couper un lien de Flammes Jumelles ?

Remettons-nous dans le contexte, dans une relation de Flammes Jumelles, le lien entre elles – qui est le « cordon permanent » – existe depuis la naissance de leurs âmes. Elles sont connectées en permanence par ce cordon subtil. Et ce lien peut être plus ou moins intense si les Flammes Jumelles ont vécu une reconnexion et des « clés de connexion ».

Je pense personnellement que l'on ne peut pas « couper » ce lien chez un couple de Flammes Jumelles. C'est mon avis au travers de ce que j'ai observé, de ce que j'ai recherché, et ce vers quoi on m'a guidée. Cela étant, je ne détiens pas la vérité absolue.

On peut apprendre à maîtriser l'intensité du lien, pour se sentir moins connecté à son autre et être ainsi moins envahi par les différents signes et phénomènes de la relation de Flammes Jumelles.

Très souvent, nous utilisons cette technique entre Ludovic et moi. Nous ne coupons pas le lien, mais simplement ponctuellement la communication, afin de ne pas prendre tout ce que l'autre a.

Comme je l'ai expliqué déjà, il n'est pas rare – il est même fréquent – que la Flamme Jumelle ressente ce que l'autre ressent.

Pendant ma grossesse, j'avais souvent mal au dos. Ludovic avait également ce mal de dos alors qu'il n'y avait aucune raison. Comme nous le faisons quand nous avons un symptôme qui semble ne pas nous appartenir, Ludovic me demande si ce mal de dos qu'il a ne viendrait pas de moi. Je lui confirme. Dans ce cas, il ne va pas avoir mal au dos pour rien. Il coupe alors avec moi au niveau de la sensation.

Et quand il coupe au niveau de la transmission de la sensation, cela ne signifie pas qu'il coupe le cordon permanent.

Quand j'ai posé la question à ma guidance à plusieurs reprises, les informations que j'ai reçues ont été que le fait de vouloir couper le lien avec sa Flamme Jumelle revenait à vouloir d'une certaine manière se couper de la Source divine et ainsi d'une partie supérieure de soi-même.

Je n'ai jamais tenté de couper un lien entre Flammes Jumelles et je le refuse. Mais j'ai eu des témoignages d'autres personnes qui ont fait intervenir un thérapeute pour rompre ce lien. La suite a été la même pour les différents témoignages reçus :

- cela n'a pas marché, le lien et la connexion étaient toujours là ;
- grand mal-être, voire maladie plusieurs jours ensuite ;
- sentiment de regret et culpabilité.

Lors des retrouvailles, les Flammes Jumelles se reconnaissent-elles en même temps ?

Je vais répondre à cette question en deux temps.

Au niveau des âmes, oui. Elles se reconnaissent en même temps, quand a lieu une reconnexion, qu'elle soit subtile ou terrestre. Mais cette reconnaissance est bien souvent inconsciente.

Au niveau humain, le fait d'être Flammes Jumelles n'est pas porté à leur conscience. La plupart du temps, les personnes ignorent même l'existence et la notion de « Flammes Jumelles ». Très peu en ont entendu parler avant et font l'éventuel rapprochement entre ce qu'elles vivent et cette relation particulière. Cependant, des deux côtés, elles parlent avec leurs propres mots et ressentis d'un lien « spécial et différent ».

Ce que je vois le plus couramment, c'est que l'une des deux personnes se pose des questions sur cette relation hors-norme et est amenée à faire des recherches ou encore à « tomber par hasard » sur la notion d'âmes sœurs et de Flammes Jumelles.

C'est à partir de ce moment que l'une arrive plus consciemment à reconnaître l'autre comme sa Flamme Jumelle.

Lors de notre première rencontre, Ludovic connaissait cette notion de « Flamme Jumelle ». Nos âmes se sont reconnues, et cela, nous l'avons senti l'un et l'autre, car à un moment, à la fin, quand nous marchions pour rejoindre nos voitures, Ludovic s'est retourné. Son regard est entré dans le mien et c'était comme si nous avions été projetés en l'espace de quelques dixièmes de seconde dans une autre dimension et que nos âmes se congratulaient de s'être retrouvées.

Nous n'en avons pas parlé comme je vous l'explique maintenant, ce soir-là. C'est plus tard que nous avons échangé sur ce point, même si au moment où cela s'est passé nous savions que nous avions l'un et l'autre ressenti la même chose au même moment.

En tout cas, à mon niveau, lors de cette rencontre, je ne connaissais pas la notion de « Flamme Jumelle ». Et si j'avais effectivement senti que quelque chose de bizarre s'était passé, je ne savais pas que c'était cela. Nos âmes savaient.

Si j'ai reconnu ma Flamme Jumelle, mais qu'elle ne m'a pas encore reconnu, dois-je attendre ou intervenir ?

C'est une question courante et délicate dans le sens où il n'y a ni recette ni solution applicable à chaque cas. Chaque couple est unique. Et chaque personne l'est aussi.

Il faut prendre en compte que nous n'avons pas la même ouverture d'esprit et le même niveau de conscience face à une telle notion de « Flammes Jumelles ». Il faut savoir trouver le juste équilibre et les mots justes selon la situation et la personne.

Tout d'abord, il est nécessaire de vous assurer du mieux possible qu'il s'agit bien d'un lien de Flammes Jumelles. Pour cela, si vous

vous retrouvez dans ce livre au travers des différents phénomènes et du processus des Flammes Jumelles, c'est très certainement le cas.

Il est important ensuite que vous respectiez le rythme de l'autre. Dans un moment comme celui-ci, il est compréhensible que la personne qui sait ait envie que l'autre le sache aussi et en prenne conscience pour pouvoir échanger.

Seulement, la personne en face de vous n'est pas forcément dans les mêmes perspectives que vous ni dans le même état d'esprit et de conscience. Parler d'un tel sujet pourrait lui faire peur, et dans ce cas, cela pourrait avoir l'effet inverse de celui que vous attendiez.

Ensuite, même si vous parvenez à échanger sur le sujet avec l'autre personne, n'oubliez pas qu'elle a son libre arbitre. Si l'Amour est important dans une relation comme celle des Flammes Jumelles, le respect de l'autre comme le respect de soi sont aussi primordiaux.

Dans mon cas, Ludovic m'avait reconnue en tant que Flamme Jumelle dès le premier rendez-vous. Enfin… il s'en doutait avant notre rencontre. Notre rencontre n'a fait que valider ce qu'il savait déjà.

Cela étant, il ne m'en a aucunement parlé à notre première rencontre, d'autant plus que nous nous rencontrions dans le cadre professionnel pour un projet. Il a laissé passer un certain temps avant d'évoquer le sujet. Il a attendu que je fasse moi-même état de ressentis particuliers.

Avant qu'il n'ose m'en parler, nous vivions des phénomènes hors-norme qui paraissaient incompréhensibles dans une relation « normale ». Cela avait fait monter en moi une certaine peur et un rejet de ce qui se passait. À ce moment-là, je n'étais pas disposée à vouloir voir, d'autant plus que j'étais en couple. Je faisais un peu l'autruche jusqu'à ce que l'on puisse en parler et poser des mots sur ce qui se passait.

Dans notre cas, nous étions tous les deux ouverts et réceptifs. Du coup, les échanges étaient plus simples. L'existence des Flammes

Jumelles a tout de suite résonné en moi, et j'ai compris, puis accepté ensuite relativement rapidement.

Je précise qu'il y a quelques années, il n'y avait pas beaucoup d'informations au sujet des Flammes Jumelles sur Internet. Alors, il était difficile, même en cherchant, de trouver des réponses.

Je peux dire que pour moi, en parler ensemble, en respectant mon rythme, a été très bénéfique et déclencheur pour la suite. Et je dois dire que Ludovic a cette facilité et cette faculté de bien poser les choses et d'être très didactique et pédagogique dans son approche. Il a aussi cette faculté d'accueillir l'autre avec bienveillance et de lui permettre d'avancer et de grandir à son rythme, en identifiant très rapidement les blocages existants et la source.

Comment m'y prendre alors pour aborder le sujet ?

Je pense qu'avant d'entrer dans le vif du sujet et de parler de « Flammes Jumelles », il est préférable d'aider l'autre à prendre conscience que la relation est différente d'une relation ordinaire.

Pour cela, vous pouvez, par exemple, selon vos ressentis, constater des faits et partager ce que vous vivez vous-même par rapport à ces faits. Ici par « faits », je ne parle pas forcément des sentiments amoureux que vous pourriez éprouver, mais des phénomènes qui pourraient intervenir entre vous, comme les synchronicités ou autres.

Parler des phénomènes qui peuvent intervenir est aussi une façon de faire porter à sa conscience que la relation n'est pas habituelle.

Pour nous, c'est comme cela que tout a commencé, nous avons communiqué sur les phénomènes étranges et peu communs que nous vivions chacun dans la relation en constatant que c'était identique des deux côtés. Et ce n'est que plus tard que Ludovic m'a parlé des Flammes Jumelles.

Selon vos ressentis sur le moment vis-à-vis de l'acceptation ou pas par l'autre personne, vous pourrez aborder la possibilité qu'il existe une relation spéciale qui dépasse les relations habituelles, en abordant ou non la notion de « Flammes Jumelles ».

Je sais que certaines personnes ont abordé le sujet des Flammes Jumelles et les particularités de la relation en partageant une de mes vidéos sur le sujet. Le plus souvent, c'est la vidéo de mon intervention au TEDx – « l'Amour des Flammes Jumelles » – qui est mon témoignage personnel de l'existence de cette relation.

Il y a aussi mon entrevue avec Lilou Macé qui est plus poussée et détaillée sur les phénomènes et particularités de la relation.

Vous pourrez trouver ces deux vidéos sur mon site consacré aux Flammes Jumelles[1].

Je sais que le fait de visionner ces vidéos a permis à plusieurs couples de briser la glace sur le sujet et de mieux comprendre comment aborder ce lien qui n'est pas comparable avec d'autres relations, d'autant qu'il s'agit ici de notre propre témoignage et donc d'une relation pleinement vécue et assumée par des personnes comme celles qui visionnent.

Les Flammes Jumelles ont-elles la même date de naissance ?

Venant du même « cocon divin », les âmes des Flammes Jumelles naissent en même temps.

Pour autant, cela ne veut pas dire qu'elles ont la même date de naissance ni la même année de naissance dans le cadre de leur incarnation sur Terre.

Elles ne naissent pas non plus au même endroit. Elles peuvent donc être sur des continents et pays différents. Il faudra donc bien suivre la guidance pour les opportunités et synchronicités mises sur le chemin pour parvenir aux retrouvailles.

1. Voir le site : www.flammesjumelles.world.

La date de naissance n'est pas un critère au niveau des Flammes Jumelles, d'autant que, comme je vous l'ai expliqué et comme cela a été raconté dans un témoignage, les Flammes Jumelles n'ont pas toutes vocation à vivre dans une relation de couple amoureux.

J'ai du mal à parler de ma relation avec mon entourage. Quels termes employer et comment leur faire comprendre les Flammes Jumelles ?

Cette question est très courante, car beaucoup de personnes vivant la relation de Flammes Jumelles se retrouvent confrontées à cette problématique.

L'entourage peut être amené à constater par lui-même naturellement que la relation n'est pas habituelle. Le plus souvent, c'est d'ailleurs plutôt les « mauvais côtés » du lien qu'ils constatent, surtout si vous vivez des périodes difficiles dues à la relation ou à votre période de purification intense et mouvementée.

D'autres verront que vous vivez des transformations importantes, même si elles sont positives pour vous, elles peuvent être incompréhensibles pour vos proches qui pourraient du même coup perdre un certain pouvoir sur vous.

Le plus souvent, les témoignages que j'ai reçus à ce sujet lors de mes séances d'accompagnement tendent à confirmer plutôt un accueil négatif, anormal et même parfois malsain.

Leurs réactions sont naturelles. Votre famille et vos amis sont certainement soucieux simplement de votre bien-être et ils ne comprennent pas ce qui vous arrive. Souvenez-vous qu'il vous a sûrement fallu à vous aussi du temps pour comprendre ce qui vous arrivait alors que vous étiez directement concerné et impacté. Alors, concevez que pour eux cela peut être incompréhensible.

Je pense qu'il n'est pas possible simplement pour un proche de comprendre ce que vous vivez, même si dans la théorie, il est ouvert à la notion de « Flammes Jumelles ». Cette relation a un fonctionnement totalement à part et hors-norme.

Pour le plus grand nombre des couples, c'est finalement la discrétion qui est la plus adaptée, pour ce que j'ai pu voir. Cela ne veut pas dire que ce sera forcément votre cas inévitablement, mais c'est un constat.

J'ai retrouvé ma Flamme Jumelle ; sommes-nous obligés de vivre cette relation comme un couple ?

Les Flammes Jumelles sont connectées par un lien fort et présent qui est une évidence pour leurs âmes. Un Amour pur et inconditionnel existe et vibre entre elles.

Seulement, cette évidence subtile et spirituelle ne l'est pas toujours concrètement dans la matière pour diverses raisons possibles.

Il faut savoir que les âmes sont liées, oui, tout comme cet Amour particulier existe, mais les deux personnes « humaines » ont leur libre arbitre. Elles ont le choix de vivre ou pas cette relation, peu importe la forme et la manière.

Les Flammes Jumelles ne vivent pas obligatoirement une relation de « couple amoureux ». Comme je l'ai expliqué précédemment, vivre l'Amour comme un couple n'est qu'une étape parfois nécessaire, mais pas indispensable dans le processus d'ascension, de cocréation et de coévolution. Vivre en couple n'est pas la finalité d'une relation de Flammes Jumelles.

Vivre la reconnexion et tout ce que cela implique et permet est déjà une grande opportunité d'accéder à cette dimension supérieure de l'Amour. Et cette accession à cet Amour vous permettra de vivre et d'agir dans le monde manifesté avec la puissance, la sagesse et la beauté de l'Amour pour votre bien et celui du plus grand nombre.

J'ai retrouvé ma Flamme Jumelle, mais nous sommes trop différents, et notre union semble incompatible. Est-ce normal ?

D'importantes différences peuvent creuser un fossé entre les deux Flammes Jumelles, en effet.

Cela peut être encore plus marqué quand les Flammes Jumelles sont chacune d'un milieu social, d'une religion ou de culture différents. Cette impossibilité peut aussi venir d'une grande différence d'âge. Ces différences sont d'ordre humain et terrestre, et ce qui peut nous apparaître ainsi à nos yeux ne l'est pas au niveau de l'essence des âmes.

Parfois, les différences se situent à un autre niveau. La personne qui est votre Flamme Jumelle peut ne pas avoir les mêmes goûts que vous, un caractère différent, un mode de fonctionnement quotidien en total décalage avec le vôtre, et avoir une vision du couple et de la famille opposée.

Une Flamme Jumelle est l'idéal au niveau de l'âme. Votre Flamme Jumelle n'a pas forcément pris les traits physiques et de caractère de votre idéal en tant qu'être humain. Il peut donc y avoir des différences plus ou moins importantes entre les deux « êtres humains ». Et cela peut donner l'impression d'une incompatibilité sur le plan terrestre. Sur le Plan divin, cette incompatibilité n'existe pas.

Certains couples, malgré leurs grandes différences, trouvent l'équilibre. Et une façon de le trouver réside dans l'acceptation de l'autre Flamme Jumelle telle qu'elle est.

Cette acceptation de l'autre fait partie des étapes du processus PURE™. Il s'agit d'accepter l'autre tel qu'il est et non pas tel que nous aimerions qu'il soit. Il s'agit de donner la liberté à l'autre Flamme Jumelle de vivre pleinement comme elle est et de s'épanouir ainsi. Et en permettant cela à l'autre, on se le permet à soi aussi.

Si votre Flamme Jumelle se présente à vous et vous donne cette impression que vous êtes incompatibles, c'est que vous avez sûrement à travailler sur cette partie en vous qui n'accepte pas cette différence. Et de ces différences qui semblent s'opposer, vous serez alors en mesure d'en faire une complémentarité qui vous permettra assurément de cocréer véritablement une œuvre qui demandera la puissance des différences de chacun réunifiées dans l'Amour divin.

Est-il possible de s'engager avec une autre personne que sa Flamme Jumelle ?

Quand vous vivez une reconnexion avec votre Flamme Jumelle, vous êtes intimement connecté à son âme. Cela étant, en tant qu'être humain, vous avez votre libre arbitre. Ce qui veut dire que vous avez le choix de vivre comme vous souhaitez ce lien avec votre Flamme Jumelle.

Tous les couples de Flammes Jumelles qui se sont reconnectés ne vivent pas forcément une relation comme un couple amoureux. Chaque Flamme Jumelle peut faire le choix de vivre une relation de couple avec une autre personne. Et je rappelle que ce n'est pas une finalité en soi et que la cocréation peut très bien s'exercer sans avoir besoin de former un couple dans cette vie.

Dans le cas des Flammes Jumelles dont la vie de couple fait partie des plans sur Terre, chacun a son propre libre arbitre vis-à-vis de cette relation et de la façon de la vivre.

Pour certaines Flammes Jumelles, il est possible de trouver une personne et même un lien d'âme profond, comme une âme sœur, avec qui on s'entend bien et avec qui on vit l'Amour du couple. D'ailleurs, dans ce cas de figure, la relation peut paraître plus paisible qu'une relation vécue en couple avec sa Flamme Jumelle ; surtout quand une ou les deux Flammes Jumelles ne se sentent vraiment pas prêtes.

Certaines Flammes Jumelles arrivent à bâtir une relation de couple avec une autre personne, tout en ressentant tout de même le lien subtil avec leur Flamme Jumelle. D'autres ont plus de mal à l'envisager, tant la connexion à leur Flamme Jumelle est présente et parfois même ressentie comme envahissante.

Mais la problématique qui revient le plus souvent est comment ne pas comparer une nouvelle relation avec l'intensité qui a pu être ressentie lors de la reconnexion qui a livré l'expression de l'Amour divin. Cela peut être d'autant plus complexe que le lien reste permanent.

S'il existe une Flamme Jumelle, quel intérêt de vivre une relation de couple avec une autre personne ?

Oui, nous avons tous une Flamme Jumelle quelque part, incarnée ou non incarnée. Mais pour certains, la reconnexion à cette Flamme Jumelle ne fait pas partie des plans de cette incarnation. Pour d'autres dont la reconnexion fait partie des plans, chacun dispose de son libre arbitre et pourra ainsi ne pas répondre aux synchronicités et aux opportunités qui permettraient de retrouver cette Flamme Jumelle. D'autres aussi pourront la croiser, mais ne pas la voir, ou ne pas vouloir la voir.

Les relations de couples hors relation de couple de Flammes Jumelles sont des expériences très riches qui vous apprennent beaucoup et qui vous permettent d'évoluer.

Les situations et les relations que vous vivez au cours de votre vie sont là pour vous préparer. Elles sont là pour vous permettre d'avancer, que la relation soit ressentie comme positive ou comme négative, sachant que ces deux termes sont subjectifs.

Si retrouver et vous reconnecter à votre Flamme Jumelle fait partie des Plans divins pour cette incarnation, les relations que vous vivez en couple peuvent aussi être nécessaires pour vous préparer à cette reconnexion.

Dans notre cas, nos relations passées nous ont permis de révéler en nous des zones d'ombre pour lesquelles nous avions fait le choix de travailler et de les transmuter. Dans le cas de Ludovic, un gros travail avait été entrepris par lui-même au niveau de l'Amour avant notre rencontre, alors qu'il était en couple. Il a profité de cette relation pour prendre conscience et mettre en évidence ses zones d'ombre au travers de ce que faisait émerger cette relation. Et il est évident que ses actions en lui-même ont clairement accéléré le processus de retrouvailles et de reconnexion ultérieure, quand on regarde comment cela s'est orchestré et accéléré à partir d'un moment, d'une étape passée chez lui et certainement aussi chez moi.

Je pars du principe que chaque relation est bonne à vivre en conscience dès lors que nous faisons le choix de la vivre. Elle nous apportera toujours des éléments de nous-mêmes qui nous permettront de mieux nous connaître.

Si je retrouve ma Flamme Jumelle dans cette incarnation, est-ce ma dernière vie ?

C'est une question que l'on me pose régulièrement, car c'est très souvent expliqué ainsi sur des sites internet. Il est dit que si des Flammes Jumelles se reconnectent dans cette vie, ce sera leur dernière vie.

Personnellement, je ne partage pas cet avis.

Les Flammes Jumelles se sont réincarnées plusieurs fois et se sont parfois, dans ces vies passées, retrouvées. À chaque fois qu'une Flamme Jumelle retrouve et se reconnecte à sa Flamme Jumelle, cela lui permet d'évoluer en conscience.

L'ascension ne se fait pas sur un claquement de doigts, quand on connaît tout le travail et l'action nécessaires pour avancer. Le processus d'ascension se fait sur plusieurs vies. Le fait de se reconnecter dans certaines vies passées avec sa Flamme Jumelle a permis une accélération, selon ce que la Flamme Jumelle a voulu en faire à ce moment-là.

L'important est de se rapprocher de cette connexion avec l'Amour divin pour qu'ensuite ce qui est fait sur Terre puisse être façonné par cet Amour divin au travers des humains que nous sommes.

Certains seraient tentés de dire que finalement, cela revient à recommencer à zéro à chaque fois, d'autant que l'on naîtra bébé comme à chaque fois et que l'on grandira, comme à chaque fois.

Ces cycles ne forment pas des cercles sur un plan simplement horizontal. Le processus est un processus vertical. Cela signifie que l'ensemble des cycles, des vies incarnées, forme comme une spirale ascendante dont les cercles ont des diamètres de plus en plus petits, nous rapprochant du centre.

D'ailleurs, regardez : l'humanité connaît une évolution de conscience, génération après génération. Après, il s'agit de savoir ce que l'homme veut en faire. Pour nous rendre compte de cette évolution de conscience des êtres qui s'incarnent, il suffit de regarder les enfants qui naissent. Dès les premiers jours et les premières semaines, on entend les grands-parents qui disent : « Comme il a l'air éveillé. Les enfants à notre époque n'étaient pas aussi éveillés ! »

Si cette notion de « Flammes Jumelles » arrive maintenant au milieu de tous, ce n'est pas parce qu'un nouveau concept est né. C'est parce que le niveau de conscience de l'humanité a levé des voiles, laissant ainsi émerger cette union qui existe depuis la nuit des temps.

N'oublions pas que la mission des Flammes Jumelles est de cocréer et de coévoluer dans et pour le monde qui est le nôtre.

Je pense donc au contraire qu'il y a de grandes probabilités pour que les couples de Flammes Jumelles se réincarnent plus tard avec un niveau de conscience plus élevé, que leurs retrouvailles seront à chaque fois facilitées, et qu'elles poursuivront l'œuvre initiée et partagée entre toutes les Flammes Jumelles reconnectées.

Quel sens y a-t-il à vivre la séparation, l'éloignement ? Est-ce obligatoire ?

L'éloignement, la séparation ou même la rupture font très souvent partie du processus des Flammes Jumelles. Je n'irai pas jusqu'à dire que c'est une obligation. Pourtant, c'est très souvent ce qui arrive presque naturellement et inévitablement.

Comme nous l'avions vu dans les précédents chapitres, suite à la reconnexion, les Flammes Jumelles vivent un phénomène d'amplification de leur partie sombre.

Cela est souvent très difficile et très complexe à vivre. Il demande à la personne de sortir de sa zone de confort, mettant celle-ci dans un grand inconfort tant émotionnel que moral, et physique parfois, le temps de la transmutation de cette zone sombre en lumière. Et souvent, cela génère des conflits importants au sein des Flammes Jumelles, qui ne supportent pas à la fois ce qu'elles vivent elles-mêmes et la partie sombre qui émerge de l'autre.

L'éloignement apparaît alors comme une sortie de secours, comme une échappatoire, une soupape de sécurité pour éviter le conflit et pour ne pas avoir à s'affronter soi-même et à supporter l'autre.

Nous sommes très certainement un couple atypique, mais Ludovic et moi n'avons pas vécu de séparation physique comme cela se produit chez pratiquement l'ensemble des Flammes Jumelles que j'accompagne.

Cependant, nous avons nous aussi vécu le phénomène profond et difficile de l'amplification de nos parties sombres, avec toute la difficulté et la complexité que cela comporte. Nous avons vécu des périodes de conflit, de difficultés, de douleurs intenses, mais tout en restant ensemble, en couple et sous le même toit.

Je pense que cela a été possible, car nous avions tous les deux conscience que nous étions des Flammes Jumelles, que nous étions guidés, et nous savions que ces périodes difficiles faisaient partie du processus des Flammes Jumelles.

Nous avons décidé d'avancer ensemble, main dans la main. Et nous avons travaillé en nous quotidiennement, chacun et ensemble, pour nous libérer et accompagner la phase de purification de notre processus.

Nous ressentions vraiment, au-dessus et en dessous de tout cela, cet Amour divin.

Par rapport à notre mission d'accompagner les autres Flammes Jumelles, si on veut le faire en pleine conscience et avec une posture juste et équilibrée, il est primordial et indispensable d'avoir vécu pleinement ces étapes du processus avec toute la difficulté et la douleur que cela a pu engendrer, et d'avoir parcouru le cheminement nécessaire et dépasser ces étapes pour ensuite pouvoir guider les autres.

Il aurait été impossible de pousser des Flammes Jumelles vers quelque chose qui nous était inconnu. Au contraire, il s'agissait de les orienter vers ce que nous avions découvert derrière les voiles, les illusions et les périodes qui peuvent sembler si douloureuses.

Comme dans l'exemple du guide de haute montagne que j'ai déjà donné dans ce livre, il aurait été trop dangereux de vouloir faire dépasser des étapes à des couples sans les avoir nous-mêmes dépassées. Mais cela n'était pas encore suffisant pour accompagner les autres. Nous avons voulu attendre de vérifier que le passage de ces étapes n'était pas une illusion et que nous avions bien passé un niveau. Ensuite, par le vécu en conscience du passage de ces étapes, nous voulions en avoir la compréhension afin de pouvoir, en plus de tenir la main à ceux que l'on accompagne, leur apporter la lumière pour éclairer leur chemin.

Travailler et avancer en conscience a toujours été chez nous une condition que nous nous sommes imposée. Il est vrai que le fait d'être deux et d'avancer ainsi ensemble nous permettait de garder cette conscience au cœur de notre posture, car nous pouvions nous confronter.

Nous étions comme dans un processus de supervision que l'on peut retrouver chez les professionnels du coaching ou les thérapeutes.

Ces phases d'éloignement sont aussi là pour venir ébranler la fragilité de votre relation et de votre engagement à chacun envers cette relation de Flammes Jumelles.

Vous avez l'opportunité de vivre véritablement un Amour par le plein, une reconnexion à vous-même, une fusion et réUNion avec l'autre. C'est tout ce que vous offre l'univers. Vous vous apprêtez à recevoir plus que vous pouviez demander et espérer en demandant l'Amour.

Et vous, qu'êtes-vous prêt à donner, à faire, à réaliser pour cela ?

Si tout est à votre portée de main, il vous est demandé d'œuvrer de votre côté pour rendre tout cela possible. Il vous est demandé d'avoir la foi, le courage, la persévérance, la bienveillance, le pardon et l'Amour pour obtenir tout cela et pour travailler à le manifester.

Si c'est ce que vous vouliez de plus cher, si c'est bien votre Flamme Jumelle, alors sachez ce que vous voulez et battez-vous pour l'obtenir. Si vous vous éloignez, alors ne le faites pas pour abandonner, mais pour prendre le temps nécessaire pour œuvrer en vous afin de permettre ce processus pour vous, pour l'autre et pour les autres.

Existe-t-il d'autres couples de Flammes Jumelles ? Si oui, vivent-ils ensemble ?

Oui, il existe d'autres couples de Flammes Jumelles partout dans le monde. Si aujourd'hui le phénomène des Flammes Jumelles est porté à notre conscience et que cela a du sens pour de plus en plus de personnes, c'est parce que l'humanité est en train de passer un cap et que son évolution doit passer par l'intégration de l'Amour divin en nous-mêmes et en toute chose, soit par nature, soit par nos actions.

Si ce livre existe, c'est pour permettre au plus grand nombre de personnes de prendre conscience de ce phénomène, pour qu'elles puissent avancer vers celui-ci, si cela résonne en elles.

Maintenant, je vais pondérer mon propos.

Déjà, selon les Plans divins, toutes les Flammes Jumelles ne sont pas incarnées dans cette vie pour se reconnecter à leur Flamme Jumelle.

Ensuite, rares sont encore les couples qui s'engagent totalement dans le processus PURE™ lorsqu'ils ont l'opportunité et le privilège de se reconnecter à leur Flamme Jumelle. Il y a vraiment un combat à mener avec soi et beaucoup déposent les gants sans monter sur le ring, ou bien s'allongent à la première frappe. Il faut se relever et continuer à combattre jusqu'à s'apercevoir que son adversaire n'était que fumée, illusion et séquelles de blessures passées de cette vie ou karmiques.

En revanche, la mise en garde que je formulerais devant la communication grandissante autour de ce phénomène des Flammes Jumelles, c'est par rapport à l'augmentation des illusions portées par des couples qui pensent nourrir une relation de Flammes Jumelles considérant qu'ils sont exempts de ce processus PURE™ ou que celui-ci s'est déroulé de façon très rapide.

Ce sont des cas que je rencontre régulièrement dans mes accompagnements.

En la circonstance, il ne m'appartient pas de leur dire, car je considère que cela fait partie de leur cheminement et que toute expérience est bonne à vivre dans une relation, sachant que cela permettra de faire évoluer les personnes. D'autant plus que peut-être que ce qu'ils sont en train de vivre dans l'illusion leur permettra justement de se rapprocher de leur Flamme Jumelle.

Rappelez-vous que les illusions semblent si réelles, et que votre ego est tellement attaché à ce que rien ne change, que les deux sont prêts à vous montrer ce que vous avez envie de voir.

À la question « Est-ce que ces Flammes Jumelles vivent en couple ? », je répondrais qu'aujourd'hui ils ne sont qu'une minorité sur le potentiel de couples de Flammes Jumelles existants et ayant la possibilité de vivre ensemble.

Souvent, les personnes nous disent et nous écrivent pour nous dire que nous semblons être une exception. Nous sommes conscients que là où nous en sommes arrivés dans notre couple est effectivement un niveau encore rarement atteint par les couples de Flammes Jumelles.

Cela étant, ce que vous voyez aujourd'hui de nous n'est pas arrivé simplement en un claquement de doigts ou avec l'aide d'une baguette magique. Ce que vous voyez de nous ne s'est pas formé en quelques semaines, ni même quelques mois.

Pour en arriver là, nous avons vraiment beaucoup œuvré! Nous nous interdisions de baisser les bras de découragement, chaque fois que cela pouvait se présenter à nous, nous refusions de renoncer, nous refusions de nous contenter du niveau atteint.

Le processus PURE™ a été pour nous presque une réalité de chaque instant.

Nous avons aussi souffert en nous, chacun et ensemble, l'un avec l'autre et l'un contre l'autre. Et tout cela a été encore amplifié par le fait que le contexte et les circonstances nous ont obligés à vivre les périodes d'éloignement et de séparation en restant ensemble, vivant et travaillant ensemble 7 jours sur 7 et 24 heures sur 24. Nous n'avions vraiment aucun répit. Impossible de sortir la tête de l'eau pour respirer.

Nous connaissons le poids et la valeur des mots « foi », « courage », « persévérance », « bienveillance », « pardon » et « Amour ».

Nous avons eu l'occasion de mourir plus d'une fois. Mais à chaque fois, nous renaissions et nous continuions à avancer, encore et encore.

Nous savions que ce parcours amplifié était nécessaire pour nous permettre d'être prêts à accueillir et à accompagner les autres couples ensuite sur un chemin et un cheminement que nous connaissons pour l'avoir expérimenté et dépassé en conscience.

Alors, quand les personnes nous disent que nous sommes une exception, je préfère dire que nous sommes juste en avance par rapport à eux.

Et si l'on nous a donné l'opportunité d'être en avance par rapport à la grande majorité des couples de Flammes Jumelles, c'est à la fois pour nous permettre aujourd'hui d'être là pour eux et pour leur montrer que c'est possible; qu'il est possible de traverser le processus

PURE™; qu'il est possible de vivre l'Amour par le plein et l'Amour divin en soi, en couple et en famille.

Comment trouver sa Flamme Jumelle ?

Avant de vouloir trouver sa Flamme Jumelle, il faut d'abord se trouver « soi-m'aime ». Eh oui, j'ai réécrit « m'aime », car ici, cela prend vraiment tout son sens.

Avant d'aller chercher l'Amour absolu chez l'autre, il faut d'abord se préparer à être cet Amour absolu soi-m'aime. La rencontre avec sa Flamme Jumelle est une rencontre qui commence déjà en soi.

Et comme la recherche ne se fait pas – comme nous l'avons déjà vu – selon des critères physiques, sociaux, démographiques, professionnels, géographiques…, cela veut dire que la recherche doit s'opérer autrement.

La recherche va se faire par résonance. Quand les Flammes Jumelles sont prêtes, alors tout va se mettre en place pour que la rencontre puisse avoir lieu, comme cela a pu se faire dans notre cas.

Conclusion, ou le chapitre à ne pas manquer

S'il y a un chapitre à ne pas manquer, c'est celui-ci.

Pourquoi ? Parce que tout ce qui est écrit avant ne prendra tout son sens et ne vous servira que si vous tenez réellement compte de ce qui suit.

Quand je dis « en tenir compte », cela signifie qu'il ne suffit pas de le lire et de vous dire : *« OK, j'ai compris »,* avant de vous précipiter et de faire tout l'inverse avec le naturel qui revient au galop.

Je vous invite à non seulement bien lire ce qui suit, mais également à prendre le temps de vous poser et d'accepter ce qui est dit pour vous permettre de lever les premiers voiles de l'illusion.

Il est réellement important de retenir que vivre une relation amoureuse de couple n'est pas une obligation dans le cadre des Flammes Jumelles ; soit une des Flammes Jumelles ou les deux ne le souhaiteront pas, soit cela ne fait pas partie des plans supérieurs pour les âmes de ces Flammes Jumelles.

Retenez donc bien cela : vivre en couple amoureux dans cette vie terrestre n'est pas une fin en soi.

Et ce n'est pas parce que vous n'êtes pas en couple avec votre Flamme Jumelle que vous ne pourrez pas suivre le processus PURE™ et accomplir votre mission.

La reconnexion à sa Flamme Jumelle est véritablement une opportunité qui vous est donnée d'accéder à une dimension supérieure de l'Amour, à condition que vous fassiez le nécessaire pour cela.

Le processus PURE™ ne laisse plus de place aux illusions. Il demande de la foi, de la volonté, du courage, de la persévérance et de l'implication pour avancer étape par étape en s'assurant que les transformations en soi s'opèrent bien à un niveau profond de la personne pour permettre l'émergence de l'être de la Flamme Jumelle.

Le parcours ne sera pas simple. Le parcours sera jonché d'embûches et d'obstacles. Autant d'éléments qui vous inviteront et vous encourageront à renoncer. Sachez que la délivrance qui pourra être perçue au moment de la renonciation ne sera que de courte durée, car en renonçant, c'est comme si vous fermiez la porte au nez de votre âme et que vous décidiez de continuer à vivre déconnecté d'elle. Cela sera d'autant plus difficile que la reconnexion avec votre Flamme Jumelle aura eu lieu et que vous serez de toute façon lancé dans le processus PURE™ des Flammes Jumelles.

Au-delà du courage et de la persévérance dont vous aurez besoin, il faudra aussi ouvrir votre cœur au pardon et à l'Amour, vis-à-vis de vous-même, de qui vous avez été, de qui vous êtes aujourd'hui et de votre vie pour permettre l'émergence de qui vous êtes vraiment et faire rayonner en vous et autour de vous l'Amour divin au sein de votre cœur.

Que vous soyez en couple avec votre Flamme Jumelle ou sans elle, votre mission est de cocréer dans cette énergie et avec cette énergie de l'Amour divin avec l'ensemble des Flammes Jumelles répandues sur la surface de la Terre et ailleurs, pour contribuer à l'émergence d'une œuvre bien plus grande.

Même si j'ai des informations sur cette prochaine étape, il ne sert à rien de vouloir aller trop vite, car tout a un ordre. Aujourd'hui, la priorité est de permettre au plus grand nombre de Flammes Jumelles de se préparer à leurs retrouvailles et de les accompagner dans le processus PURE™ des Flammes Jumelles.

Si cela fait partie de ma mission avec Ludovic, et que cela fait maintenant plusieurs années que j'y travaille en apportant le support, l'accompagnement et les méthodes pour permettre que les retrouvailles se fassent et que le processus PURE™ s'accomplisse, il n'en reste pas moins qu'il appartient à chacun, par son libre arbitre, de cheminer ou pas, de cheminer vers son authenticité ou de conserver ses illusions.

C'est en redevenant plein et entier que vous pourrez retrouver tout votre propre pouvoir et votre pleine puissance pour permettre à cet Amour divin au centre de votre cœur de vous remplir et de rayonner au-delà de votre corps pour irradier vos pensées, vos paroles, vos actions et l'environnement autour de vous.

Ne cherchez pas à tout prix un partenaire amoureux qui serait votre Flamme Jumelle. Cela reviendrait à cristalliser votre énergie et à projeter l'image que vous vous en faites, votre idéal, sur une personne qui pourrait ne pas être votre Flamme Jumelle. En agissant ainsi, vous seriez dans l'illusion totale.

Acceptez de vous préparer et de cheminer ensuite. Il est évident qui si nous n'avions pas eu une prise de conscience à un moment de notre vie, et si par exemple Ludovic ne s'était pas préparé aussi durement à cette rencontre, elle n'aurait sûrement pas eu lieu au moment où elle a eu lieu. Et d'ailleurs, il s'est préparé avec détachement, sans rien projeter, s'inscrivant ainsi dans un accueil inconditionnel par rapport à sa Flamme Jumelle qui se présenterait à lui.

Je vous invite donc à lire ou à relire ce livre en ne passant pas les chapitres qui vous dérangent. Au contraire, si vous êtes mal à l'aise avec certaines idées, mettez-vous à l'écoute de votre corps, de vos émotions et regardez quelles parties de vous ces idées viennent titiller.

Cela étant, faites preuve de discernement par rapport à tout ce qui est écrit ici. Ni Ludovic ni moi ne détenons la vérité. Nous ne faisons que relater ce que nous avons vécu, ce que nous avons dépassé et ce que nous en avons compris.

D'ailleurs, le discernement est aussi une clé dans le cheminement, comme la reprise de son pouvoir. Les personnes aimeraient que je leur dise si oui ou non la personne avec qui elles sont est leur Flamme Jumelle. Même si je le sens, dans un cas comme dans l'autre, je ne leur dis pas.

Pourquoi ? Parce que si l'on part du principe qu'une des clés du processus PURE™ des Flammes Jumelles est de reprendre son propre pouvoir, le fait de demander à l'autre de valider un lien de Flamme Jumelle pour soi revient à remettre à l'autre son pouvoir ; le pouvoir de décider pour vous ce qui doit être ou pas.

Qui mieux que vous sait ce qui est bon pour vous ? Et qui mieux que vous sait reconnaître votre Flamme Jumelle ? Personne, sinon vous ! Il suffit de lever des voiles. C'est ce que j'aide à faire, pour que vous puissiez à un moment le reconnaître ou pas.

Et si vous vous trompez, ce n'est pas grave, car, comme je l'explique, toute relation est riche. Elle pourrait très bien être nécessaire pour vous dans votre préparation à vos retrouvailles avec votre Flamme Jumelle.

Pour finir, je ne peux qu'encourager les Flammes Jumelles qui ressentent cet appel de l'autre à cheminer vers leur Flamme Jumelle. Je ne peux que vous encourager, car c'est une reconnexion importante pour vous, et c'est une reconnexion qui va contribuer à une échelle bien plus grande à l'évolution de l'humanité tout entière dans une cocréation et une coévolution imprégnées de l'Amour divin.

En tout cas, nous serions très fiers de vous accueillir dans le groupe de nos Flammes Jumelles.

Cœurdialement.
Catherine et Ludovic Labbé

Une pratique avec le Sceau des Flammes Jumelles

Qu'est-ce que le Sceau des Flammes Jumelles ?

Le Sceau des Flammes Jumelles est un sceau vibratoire d'Amour et du couple sacré. Ce symbole est imprégné de l'« énergie ChristAll » (www.christall-love-energy.world), qui a une vibration pure et cristalline d'amour. Il contribue à la circulation harmonieuse de l'énergie d'Amour en soi, dans ses relations et dans sa vie.

J'ai reçu ce sceau vibratoire d'« énergie ChristAll », ainsi que d'autres sceaux, après la reconnexion avec ma Flamme Jumelle. Par l'aide de Guides Lumineux, j'ai reçu des conseils et enseignements pour les activer et bénéficier de leurs vibrations profondes et bienfaisantes.

J'utilise leur énergie subtilement et de manière invisible dans mon quotidien depuis plusieurs années. Ces sceaux apportent de nombreux bienfaits et contribuent à notre évolution. Ils sont des outils de cheminement profonds et puissants. Et afin que ce sceau prenne vie, j'ai travaillé avec une artiste pour qu'il soit réalisé et qu'il puisse être utilisé par d'autres personnes.

Un exercice pratique pour découvrir ce sceau

Parmi les différentes façons d'utiliser ce sceau, je vous propose de l'expérimenter au travers d'un exercice simple et accessible que nous vous mettons à disposition sur le site internet.

Cet exercice vous permettra de pénétrer l'intimité de ce sceau en exprimant votre partie créative, permettant ainsi une rencontre entre l'énergie du sceau et celle de vos émotions intérieures.

Il s'agira de colorier le sceau après s'être mis en contact avec lui et l'avoir connecté avec votre énergie intérieure.

Vous pouvez bien sûr photocopier l'image du livre.

Et vous pouvez aussi télécharger sur le site le module que nous avons créé pour vous, avec le document à imprimer, la méditation pour vous relier au dessin du sceau avant de démarrer la mise en couleur.

Voici le lien pour télécharger ce module :

http://flammesjumelles.world/cadeaulecteur

Remerciements

Je remercie de tout mon cœur et de tout mon être les âmes visibles et invisibles qui ont permis l'écriture et la réalisation de cet ouvrage sur l'Amour et les Flammes Jumelles.

Je remercie la Vie, la Divine Providence, les Guides et Êtres lumineux qui m'ont accompagnée dans ma vie et sur ce cheminement vers l'Amour, afin que je puisse écrire ce livre. Je leur témoigne ma gratitude pour m'avoir fait confiance et confié cette mission.

Je remercie mon mari et Flamme Jumelle, Ludovic Labbé, du plus profond de mon âme.

« Je sais que les mots existants sont insuffisants pour exprimer tout l'Amour que je te témoigne et pour te remercier d'être simplement. Je peux écrire une liste infinie de tout ce que tu as fait pour moi, pour nous. Merci. Depuis que mon regard s'est plongé dans le tien, mon être s'est souvenu de son essence et de ce qu'est l'Amour absolu : l'Amour sacré, divin. »

Nous remercions nos enfants, nés et à naître, de nous avoir choisis comme parents, Ange, Élouan, Alexandre, car ces petites âmes sont des étincelles pures de l'expression de l'Amour. Nous remercions également notre famille.

Je remercie mes amis et proches, et plus particulièrement Flamine et Laïla Del Monte pour leur présence dans notre existence.

Je remercie les Flammes Jumelles et toutes les personnes qui m'ont fait confiance et ont contribué d'une manière ou d'une autre à l'écriture de ce livre.

Je remercie les âmes, les expériences, les opportunités de la vie qui m'ont permis de me faire avancer et de rayonner ce que j'accomplis.

Je remercie mon éditeur, Guy Trédaniel, et Cathy Selena, pour leur confiance.

Nous remercions Lucie Yonnet pour la réalisation de la toile qui est en couverture et celle du Sceau des Flammes Jumelles, pour sa préface et pour le travail de cocréation que nous avons effectué ensemble.

Je remercie les personnes qui ont contribué à diffuser notre message au sujet de l'Amour et des Flammes Jumelles, comme TEDx Alsace et Lilou Macé, et les personnes qui contribueront à l'avenir à nous aider à partager avec le plus grand nombre ce message d'Amour, et à réaliser notre mission.

Achevé d'imprimer en octobre 2017
sur les presses de la Nouvelle Imprimerie Laballery
58500 Clamecy
Dépôt légal : novembre 2017
N° d'impression : 710375

Imprimé en France

La Nouvelle Imprimerie Laballery est titulaire de la marque Imprim'Vert®